1923 간토대학살 침묵을 깨라

차 례

토 나오키를, 요코하마의 오은정 씨는 야마모토 스미코를 인터뷰할 때 큰 도움을 주셨다. 이 글이 《오마이뉴스》에 연재될 때 박순옥, 최은경, 이주노 편집기자는 글이 날카로워지게 다듬어 주었고 원더박스의 김희중 편집차장은 인물마다 초점이 선명하도록 이끌어 주었다. 청년사진가 천승환은 귀한 작품을 지면에 쓰게끔 허락해 주었다. 사랑하는 아내 미경은 교정지와 씨름하는 내게 팥빙수와 콩국수로 힘을 주었다. 깊이 감사를 드린다.

글을 쓰면서 고민이 많았다. 학살 현장을 둘러보았으나 선바람을 쐰 처지고 원전을 읽을 수 없는 까막눈 신세여서 혹여 어지럽히는 것은 아닐지 걱정되었다. 그러나 무릅썼다. 100년 전 시모노세키에 이주노동자로 첫발을 내디딘 우리의 할아버지, 할머니에게, 간토 지방 곳곳에서 단지 조선인이라는 이유만으로 숨진 이들에게 이 작은 책을 바치기 위해서.

간토학살 100주기를 맞아

민병래

정부를 상대로 법정투쟁에 나서려 한다. 제노사이드와 반인도적 범죄는 시간이 얼마나 지났건 반드시 처벌하고 정의를 세워야 한다는 게 국제사회의 원칙이다. 간토 조선인 학살의 단죄는 이런 원칙을 실현해 인간의 존엄성을 세우는 일이 될 것이다. 더불어민주당 유기홍 의원은 올봄 여야 의원 100명의 동의를 얻어 '간토대학살 진상규명과 피해자 명예회복을 위한 특별법'을 발의했다. 통과되면 무엇보다 진상조사에서 큰 진전이 있을 것으로 보인다. 이외에도 할 일이 있다. 우리 땅 어디에도 6,661명을 기리는 추도물이 하나도 없다. 일본의 시민사회는 각 지역에서 뉘우침을 이끌어 내며 20여 기나 되는 추도비를 세웠다. 부끄러운 일이다. 추도비가 되었건 조형물이 되었건 더 늦지 않게 우리 손으로 영령을 기려야 한다. 소녀상이 평화와 인권의 상징이 된 것처럼, 간토를 기리는 추도물은 제노사이드를 막는 상징이 될 터이다.

한국 사회가 100년의 잠에서 깨어나 이 역사의 요구를 끌어안았으면 한다. 이 책에서 전하고픈 알짬이다.

도움을 준 분이 많다. 간토학살 100주기 추도사업추진위원회의 집행위원장 김종수 목사는 일본 답사와 인물 섭외 등 많은 배려를 해 주었다. 성균관대 임경석 교수는 각 인물이 지닌 이력을 통해 간토의 다양한 교훈을 밝히라고 방향성을 잡아 주었다. 여러분이 통역에 나서 주고 현지 안내를 해 주었다. 일본기독교협의회 총간사 김성제 목사는 이이야마 유키를, 일본기독교문학연구소의 권요섭 목사는 니시자키 마사오를, 야후재팬 칼럼니스트 서대교 씨는 가

략을 진출로, 탄압을 진압으로 분칠한 지는 이미 오래되었다. 식민 지배를 통절히 반성한다는 무라야마 담화는 빛이 누렇게 변했다.

묘하게도 간토 조선인 대학살에 대한 일본 정부의 태도는 다르다. 1923년 12월 14일, 무소속의 다부치 도요키치 의원이 제국의회에서 "1,000명 이상의 사람이 죽은 사건에 대해 사죄해야 한다"라고 연설한 이래 많은 질의와 추궁이 있었다. 일본 정부는 질문을 외면하고 대답을 회피했다. 그러나 부정하지는 않았다. 왜냐하면 목격자의 증언, 추도비의 기록, 출동 병사의 일기 등 증거가 넘쳐나기 때문이다. 또 2003년 일본변호사협회의 권고문, 문부성의 검인정을 받은 교과서, 내각에 의해 설치된 중앙방재회의의 보고서 등 공공문서에서 일본의 국가범죄를 인정하고 있기 때문이다.

어쩌면 '간토 조선인 대학살'은 극우로 향하는 일본의 급소가 아닐까? 국가범죄이고 집단학살인 이 역사를 사죄하게 함으로써 침략주의로 향하는 발걸음을 주춤거리게 할 수 있지 않을까? 이것만으로 군국주의로 치닫는 일본을 막을 순 없으나 자그마한 버팀목은 되지 않을까?

급소를 찌르려면 한국 사회가 변해야 한다. 한국의 언론은 간토 관련 보도를 할 때 "우물에 독을 탔다" 같은 유언비어에 흥분해서 자경단이 저지른 일이라고 앵무새처럼 말한다. 일본의 극우가 바라는 서사 전달이다. 일본의 교과서에도 군경이 학살을 하고 조선인을 멸시한 게 비극의 원인이라고 적고 있는데도 말이다. 간토를 이렇게 묘사하면 진실은 묻혀 버린다.

할 일이 많다. 간토의 유족은 100년이라는 장벽을 뛰어넘어 일본

이들의 삶과 활동은 다양한 결을 갖고 있으나 한결같이 간토학살의 아픔을 드러내고 일본의 국가책임을 묻는 과정이었다.

나는 이런 노력을 알리고 싶었다. 이들의 삶을 통해 '간토 조선인 학살'에 담긴 의미를 전하고 그 일을 왜 지금 기억해야 하는지 말하고 싶었다. 2년여 동안 한국과 일본에서 아홉 분을 만났다. (강덕상 선생은 책과 자료로만 만났다.) 답사도 다녀오고 조언도 구하며 아홉 분의 삶을 하나하나 기록해《오마이뉴스》에 틈틈이 연재했다. 이번 100주기를 앞두고 그렇게 쓴 글을 한 권의 책으로 내게 되어 기쁜 마음이다. 아쉽게도 채 담지 못한 분이 많다. 기회가 닿으면 2권, 3권으로 다른 분의 삶 또한 전하고 싶다.

이 글을 한 편씩 써 갈 때 일본은 2022년 12월 16일 반격 능력을 포함해 군사력을 대폭 강화하는 3대 안보문서 개정을 결정했다. 반격 능력의 보유는 사실상 선제타격을 의미하기에 일본의 평화 헌법 자체를 허문 일이다. 방위비를 2027년까지 GDP의 2%까지 올리는 것은 군사대국으로 더 치닫겠다는 의미다. 거기에 독도가 일본의 고유영토라는 주장까지 담겼으니 이 개정은 군국주의 시절로 되돌아가는 나쁜 결정이었다.

일본은 이제 대놓고 과거사를 부정한다. 2021년 스가 요시히데 내각은 교과서에 '종군 위안부'대신 '위안부'라는 표현을 쓰라고 결정했다. 일본군 성노예 범죄에 대해 군의 강제성을 인정한 고노 담화를 벽장 속에 밀어 넣는 행위였다. 기시다 후미오는 (구)조선반도 출신 노동자라는 표현으로 강제징용 자체를 부정했다. 침

1923

간토대학살 침묵을 깨라

간토대학살 100주기,
우리가 마주해야 할 과제들

민병래 글

원더박스

100년 동안의 침묵을 넘어서

1923년 9월 1일, 도쿄와 요코하마를 포함한 일본 간토 지방에 진도 7.9의 대지진이 발생했다. 사망자가 10만 명에 이르고 행방 불명자가 4만이 넘었다. 지진에 이은 화재로 타 버린 집이 45만 채나 되었고 이재민은 무려 340만 명에 달했다. 엄청난 재난이었다.

그런데 먹고 살길이 막막해 일본으로 건너가 막노동과 행상을 하던 조선인에게 더 큰 재난이 닥쳤다. 고국에서는 한 번도 경험해 보지 못한 지진에 놀란 가슴을 쓸어내릴 새도 없이 총과 칼에 온몸이 부서지고 찢겨 나갔다. 단지 조선인이라는 이유 하나만으로.

당시 도쿄에 있던 조선유학생학우회, 천도교청년회, 기독교청년회는 학살의 광풍이 잦아들었을 때 이재조선동포위문반을 결성, 피해 조사에 나섰다. 위문반은 일본 경찰의 탄압을 뚫고 진상을 파악, 1923년 12월 25일 '재도쿄 조선인대회'에서 6,661명이 학살당했다고 밝혔다. 하지만 일본은 100년이 된 지금까지 사죄와 배상은커녕 진상규명조차 거부하고 있다. 우리 정부 또한 해방 후 80여 년 가까이 흘렀건만 일본에게 '간토학살의 진실을 밝히라'고 요구하지 않았다. 우리 정부 단독으로도 할 수 있었으나 외면했다. 해마다 9월 1일 기일이 돌아왔을 때 추도문 한번 발표한 적이 없었다. 안타깝게 이 땅에서 '간토 조선인 대학살'은 잊힌 사건이 되었다. 피해자의 정확한 수도 학살당한 이의 이름도 모른 채 유언비어에 의해 빚어진 비극으로 기억되었을 뿐이다.

나 자신도 다르지 않았다. 사실 나는 간토가 도쿄도와 가나가와현, 사이타마현 들을 일컫는 지명인지도 몰랐다. '간토 조선인 대학살'은 죽창, 우물, 독약 들 같은 단어가 뒤섞인 삽화였을 뿐이다. 2021년 봄이었을 게다. 어느 날 '간토학살 피해자 97주기 추도식'에 관한 기사를 읽었다. 100년이란 세월이 흘렀고 일본 땅에서 벌어진 사건을 지금도 추모하는 모습이 신선하고 놀라웠다. 그날 이후 난 조선인 대학살의 진상을 알기 위해 한 걸음을 내디뎠다. 재일사학자 강덕상이 쓴 『학살의 기억, 관동대지진』, 릿쿄대학 야마다 쇼지의 『관동대지진 ― 조선인 학살에 대한 일본 국가와 민중의 책임』 두 권을 손에 쥐었다. 학살의 본질이 뚜렷하게 적혀 있었다. 두 학자는 이런 시선으로 나를 이끌었다.

"간토대지진으로 도쿄와 요코하마시가 거의 폐허가 되고 수많은 이재민이 발생했다. 별안간 닥친 재해에 민중의 고통과 절망은 말할 수 없이 컸다. 야마모토 곤베에 내각은 체제의 위기를 절감했다. 배고픔과 부상에 신음하는 민중의 불만을 달래기 위해 희생양이 필요했다. 재해 대책이 아닌 체제 수호 방법에 골몰한 끝에,

야마모토 내각은 날조된 '조선인 습격설'을 명분으로 계엄령을 발동했다. 조선인을 진압하라는 임무를 받은 계엄군이 출동하고 경찰과 자경단 또한 합세했다. 그 결과 느닷없이 공격목표가 된 조선인이 수천 명이나 숨졌다. 기관총 세례를 받고 불구덩이에 던져지고 칼에 베여 가여운 주검이 되었다."

흥분한 자경단에 의해 우연히 일어난 사건으로 알던 나의 상식은 여지없이 깨졌다. 한 걸음 더 들어가 보고 싶었다. 여러 자료를 찾아보며 한국과 일본에서 간토의 진상을 알리기 위해 노력한 분이 많다는 사실을 알았다. 귀중한 발견이었다.

 -재일사학자 강덕상 선생은 한평생 간토의 진실을 연구했다. 그는 법조문이 아니라 학문으로 일본 국가를 인류의 법정, 역사의 법정에 세우는 공소장을 써냈다.

 -시민운동가 니시자키 마사오는 메이지대학을 다닐 때 조선인 유골을 발굴하는 모임에 참여한 이래 40여 년 동안 학살의 진상을 밝히려고 분투했다.

 -다큐멘터리감독 오충공은 1983년과 1986년 간토의 비극을 다룬 〈감춰진 손톱자국〉과 〈불하된 조선인〉을 만들었고 올해 세 번째 작품을 개봉할 예정이다.

 -야마모토 스미코는 젊은 날 요코하마의 한 초등학교에 부임해서 조선인 차별문제를 깨닫고 이를 고치기 위해, 또 가나가와현의 학살 실태를 알리기 위해 일생 동안 애썼다.

간토 조선인 대학살의
진실을 밝히다

강 덕 상

강덕상은 이렇듯 평생을 '조선인 대학살'의 진실을 밝히기 위해 노력했다.
사료와 연구를 통해 일본에게 내밀 청구서를 가지런히 작성했다.
학문으로 일본의 학살범죄에 대해 서릿발 같은 공소장을 썼다.

운명의 날인 1923년 9월 1일. 도쿄와 요코하마 일대는 새벽부터 세찬 비가 내렸다. 10시경 비가 개면서 불볕더위가 시작되었다.

이날도 고학생으로 유학 와 있던 『아리랑』의 주인공 장지락은 도쿄 어딘가에서 노동을 하며 점심때가 다가오니 시장기를 느꼈으리라. 훗날 〈까치까치 설날〉과 〈반달〉을 작곡한 윤극영은 도쿄의 동양음악학교에서 공부에 골몰하고 있었을 게다.

시각은 11시 58분 44초. 진도 7.9로 가나가와현(神奈川県)에서 가까운 사가미만(相模湾)이 진원지인 대지진이었다. 이런 강진은 처음이었다. 초기의 미동은 12.4초간이었고 격동은 10분 동안 계속되었다. 도쿄의 조선YMCA 총무였던 최승만[1]은 이렇게 기억한다.

아침을 아무렇게나 한술 뜨고 메지로(目白)역에서 간다(神田)역 방면으로 가던 중 신주쿠(新宿)역에 거의 다다랐을 때 전차가 별안간 펄떡 뛰기를 되풀이했다. 승객의 얼굴은 햄쑥해지고 불안스러운 표정이었다. 이렇게 수십 분, 차 속에서 내다보이는 3, 4층 집에서는 연기가 자욱이 솟아 오른다. 비로소 지진임을 안 나는 차에서 내려 사무소로 가보았다. 콘크리트 땅바닥이 금이 가서 다니기가 어려웠고 역장 이하 사무 보는 사람들은 하나도 보이지 않았다.

1 1897년 경기도 안산에서 태어난 최승만은 1917년 도쿄 관립 외국어학교 노어과에 재학하다 유학생 최팔용과 함께 2·8독립선언을 발표했다. 지진 당시 조선기독교청년회관(YMCA)의 총무로서 이재조선동포위문반의 일원이 되어 피해 조사를 다녔다. 이때의 경험을 『극웅필경』이라는 책자로 남겼다. 해방 후 연희대학교수, 제주도지사 등을 역임했다.

최승만의 회고처럼 지진은 격렬했다. 밥상이 불쑥 솟아오르고 집이 흔들리고 지붕이 춤추며 전선이 윙윙댔다. 기와가 떨어지고 담벼락이 무너져 내렸다. 나무가 흔들리고 술 취한 사람처럼 비틀거리며 걸어야 했다.[2] 흔들림이 조금 가라앉기 무섭게 사방팔방에서 연기가 솟아올랐다. 마침 점심시간이라 피운 풍로와 아궁이의 불씨가 사방으로 번졌다. 불길은 걷잡을 수 없이 온 도시를 사로잡을 듯 타올랐다. 도쿄에서만 187곳에서 불이 났고 바람마저 강해 검은 연기는 사방을 뒤덮고 거대한 화마는 하늘까지 집어삼킬 기세였다.

급기야 혼조(本所)의 육군 피복창에서는 3만 8,000명이 불에 타죽었다. 불길을 피해 피복창 앞 광장으로 모인 이재민이 돌풍과 함께 밀어닥친 불길에 참변을 당한 것이다. 불길을 막아 줄 어떠한 방어막도 없었던 탓이다. 불에 타 떼죽음을 당한 곳은 이외에도 다나카(田中) 중학교 등 여러 곳이 있었다. 집계를 해 보니 무너진 집이 12만 호, 완전히 불타 버린 집이 45만 호, 사망자와 행방불명자가 10만 명이 넘는 재해였다. 통신시설은 망가지고 도쿄에서는 63개의 경찰서 중 25개소가 불에 타거나 무너졌고 경시청마저 불길에 휩싸였다. 이재민의 울음소리가 하늘에 닿을 정도였다. 배고프다고 어린이는 아우성쳤고 다친 사람의 신음 소리가 애를 끊게했다. 도쿄와 요코하마 등 간토 지방은 죽은 사람이 9만 명이 넘고

---

2 강덕상의 책『학살의 기억, 관동대지진』(역사비평사) 27쪽에 나와 있는 묘사다.

大震當日
上野に避難した人
の雑音。

대지진 당일 우에노 거리로 피난 가는 사람의 물결.

이재민이 340만 명에 이르는 죽음의 도가니였다.[3]

문제는 이때 6,661명이나 되는 조선인과 700여 명의 중국인이 학살되었다는 사실이다. 그 뒤 100년이 지났지만 일본 정부는 조선인과 중국인의 죽음에 사과와 배상을 거부하고 있다. 유언비어에 흥분한 자경단원이 저지른 일이고 일본인 희생자도 있다며 진상규명조차 외면하고 있다. 강제연행과 강제징병, 일본군 성노예 문제를 대하는 태도처럼 간토 조선인 대학살에 대해서도 자신이 저지른 범죄를 인정하지 않는 것이다.

어쩌면 일본의 뜻대로 사건은 묻혔을지 모른다. 오래된 일이고 증거자료 또한 일본에 있으니 한국에서 접근하기 쉽지 않았기 때문이다. 하지만 재일사학자 강덕상이 있었다. 그는 1975년에 발간된 『관동대진재』와 이를 보완해 2003년에 펴낸 『학살의 기억, 관동대진재』(이하 『학살의 기억』)[4] 등을 통해 조선인 대학살에 관한 일본 정부의 책임을 세상에 고발했다. 그의 연구는 두 가지 중요한 질문을 담고 있었다.

첫째, 진도 7.9의 대지진이라 해도 자연재해인데 왜 계엄령이

3 간토 지방은 도쿄, 지바현, 사이타마현, 이바라키현, 도치기현, 군마현, 가나가와현을 포함한다. 사망자는 9만 9,331명, 부상자 10만 3,733명, 행방불명자 4만 3,746명, 가옥 전파 12만 8,266호, 가옥 반파 12만 6,233호, 가옥 소실 44만 7,123호, 유실 가옥 868호, 이재민은 약 340만 명에 이른다.

4 『학살의 기억, 관동대진재』는 우리나라에서 『학살의 기억, 관동대지진』이란 제목으로 2005년에 역사비평사에서 간행되었다. 이 책에서 인용은 모두 한국어 판본을 이용했다.

발동되었는가? 둘째, 조선인 학살을 조장한 유언비어는 어디서 나와 어떻게 전파되었는가?였다. 일본 정부는 감추려 하고 일본의 역사학계에서도 자신들의 치부이기에 머뭇거렸지만 강덕상은 정면으로 다가섰다. 그의 연구와 삶은 이 의문에 대해 답을 찾는 순례의 길이었다. 그 여정에서 강덕상은 소중한 결론을 얻었다.

간토 조선인 대학살은 결코 흥분한 자경단이 벌인 예상치 못한 범죄가 아니라는 것.

수백만의 이재민이 반정부투쟁에 나설까 두려워 야먀모토 곤베에(山本權兵衛) 내각이 직접 '조선인 습격설'을 퍼트리고 조선인을 희생양으로 삼아 위기에서 벗어나려 했다는 것.

이것이 간토대학살의 진실임을 강덕상은 사료와 연구를 통해 밝혀냈다.

발동된 계엄령, 타깃은 조선인

지진이 일어난 9월 1일, 내무대신 미즈노 렌타로(水野錬太郎)는 그날 밤 충격을 수기로 남겼다.

자동차로 관저를 출발하여 간다교(神田橋)에서 스다초(須田町) 우에노(上野) 방면으로 갈 작정으로 간다교를 지났지만 앞쪽 길에서 화염이 넘실거려 그 열기를 견딜 수 없어 할 수 없이 자동차를 버리고 걸어갔다. 거리의 상황을 보니 너무나 엄청난 재해인 것에 놀랐

다. 도쿄 시내의 쌀 창고도 거의 불타버렸고 후카가와의 육군 미곡
창도 화염에 휩싸였다는 보고를 받았다.[5]

이렇게 현장의 모습을 기록하고 있다. 특히 그는 식량창고가
불탄 것에 주목한 듯싶다.

경시총감 아카이케 아츠시(赤池濃)도 "나는 천 가지, 만 가지로
생각해도 이번 재해가 너무 심해 어떤 불상사가 반드시 일어날 것
이라고 염려했다"라고 했다. 도쿄의 치안 책임자인 두 사람은 지
진으로 고통받는 일본 민중이나 조선인의 구제보다는 일왕의 안
전과 체제의 보호만이 관심사였다. 실제로 아카이케는 지진 직후
궁궐로 달려가 섭정(히로히토)의 옥체를 배알하고 "무사하신 모습
을 뵙고서 감격을 이기지 못했다"고 한다.

미즈노나 아카이케의 머리에 스친 건 몇 해 전의 쌀폭동이었다.
제1차 세계대전의 여파로 인플레이션이 일어나 실질임금이 낮아
지던 1918년 8월 2일, 데라우치 마사타케(寺内正毅) 내각은 시베리
아 출병을 선언한다. 그러자 쌀도매상은 전쟁 특수를 노리고 매점
매석에 나섰고 쌀값은 3~4배나 가파르게 올랐다. 이에 분노한 민
중이 도야마(富山)의 작은 어촌을 시작으로 쌀가게를 습격하고 불
을 지르는 항거에 나섰다. 전국 300여 개 지역에서 수십만 인민이
참여했고 이를 탄압하느라 10만이 넘는 병력이 출동했을 정도다.

미즈노 렌타로는 굶주림에 시달리고 공포에 사로잡힌 민중이

5 『학살의 기억』 51쪽.

어떤 행동을 할지 두려웠다. 이를 누군가가 조직하여 권력에 맞서게 한다면, 쌀폭동과 같은 일이 되풀이되지 않으리란 보장이 없었다. 위기의식에 사로잡힌 그는 아카이케 경시총감, 고토 후미오(後藤文夫) 내무성 경보국장의 건의를 받아 긴급내각회의에서 계엄령 결정을 주도한다.[6] 당연히 논란이 있었다. 계엄령은 외적과 교전 중이거나 내란 상태여야 발동할 수 있는데 지진은 자연재해였다. 또 계엄령 발포는 칙령 사항이기에 추밀원 고문의 자문을 거쳐 관보에 공포하는 절차를 거쳐야 한다. 그러나 통신이 끊어져 연락이 닿지 않았다.

우여곡절 끝에 9월 2일 오전에 열린 각의에서 계엄령은 최종 결정된 것으로 보인다.[7] 군대는 '이재민 구호'나 '시설 복구'가 아니라 '반란을 진압하겠다'고 출동했다. 명분은 '조선인 폭동설'. 미즈노 렌타로는 "적은 조선인이다"라고 선언했다. 계엄령은 조선인에 대한 선전포고였다. 어디서부터인지 모르게 나온 유언비어

6　지진 발생 당시 일왕 요시히토(嘉仁)는 닛고에서 요양 중이었고, 히로히토(裕仁)는 섭정의 위치였다. 총리 가토 도모사부로(加藤友三郎)는 병 때문에 사임한 상태다. 우치다 고사이(內田康哉) 외상이 직무대리를 했기에 미즈노 렌타로, 고토 후미오, 아카이케 아츠시 공안 3인방이 주도권을 행사할 수 있는 상황이었다.

7　강덕상은 계엄령을 9월 2일 8시 무렵에 각의에서 결정하고 오전 중에 히로히토의 재가를 얻어 공포한 것으로 판단한다. 당시 내무대신 미즈노 렌타로와 경보국장 고토 후미오 그리고 경시총감 아카이케 아츠시의 수기에 1일 밤 내무대신 관사 안뜰에서 '임시지진 구호사무소관제'와 '징발령' 그리고 '계엄에 관한 칙령'의 기초를 마련했다고 쓰인 것을 근거로 하고 있다. 『시무의 역사학자 강덕상』(강덕상 기록 간행위원회, 이규수 옮김, 어문학사) 224쪽 참조.

를 적극 활용했다. 간토 지방에서 일하던 조선인 노동자가 느닷없이 공격목표가 되었다. 지진 재해로 솟구친 일본 민중의 불만과 고통을 풀어줄 먹잇감이 되었다. 계엄령에 따라 도쿄 일원에 6만 4,000의 육군병력이 집결했다. 지바(千葉)현의 나라시노(習志野)에서, 이치가와(市川)의 고노다이(國府台)에서 군대가 도쿄로 출동했다. 간토 수역에는 기함 나가토와 150척의 함대가 모습을 나타냈다. 하늘에선 비행기가 선회하고 완전무장한 병사가 보초를 서고 기병은 먼지를 일으키며 질주했다. 육해공에 걸쳐 삼엄한 경계와 군사작전이 펼쳐진 것이다.[8]

당시 도쿄 일원에 이주노동자로 와 있던 조선인은 1만 명 안팎이었다.[9] 간토 지방을 다 합쳐도 2만 명이 안 되었다. 제1차 세계대전 이후 일본 경제는 호황을 맞아 값싼 노동력이 필요했다. 이에 따라 '여행증명서' 제도는 1922년 10월 들어 '자유도항제'로 바뀌었다. 그때부터 조선인이 일본으로 자유로이 왔으니 1923년 지진 당시 대부분의 조선인은 일본 거주기간이 불과 1~2년 안팎이었다. 주로 수도·토목공사의 일용노동자 신세로 합숙소에서 생활했다. 말도 안 통하고 길도 낯서니 평소에도 밖에 잘 나다니지 못했다. 엿장수나 고물장수를 하는 조선인만이 거리를 오갔을 정도다.

8   『학살의 기억』 31쪽에 묘사된 계엄령의 풍경을 줄여서 인용했다.

9   당시 간토 지방(이바라키현, 도치기현, 군마현, 사이타마현, 지바현, 도쿄도, 가나가와현)에 있었던 조선인 통계는 1만 4,144명이다. 『관동대지진 조선인 학살에 대한 일본 국가와 민중의 책임』(야마다 쇼지, 이진형 옮김, 논형)의 71쪽 참조.

게다가 고국에서는 한 번도 겪어 보지 못한 지진을 만나 얼이 빠진 상태였다. 이런 상태의 조선인이 삼엄한 계엄경계를 뚫고 불을 지르며 우물에 독을 타고 일본인을 공격할 수 있을까?

그럼에도 불구하고 출동한 계엄군은 조선인을 공격해 나갔다. 경찰은 직접 "조선인이 지진을 틈타 불을 지른다, 우물에 독을 탄다" 같은 거짓말을 메가폰으로 떠들고 다녔다. 이에 자극받은 민중은 자경단[10]을 만들어 조선인 사냥에 나선다. 군·경·민중이 삼위일체가 되는 연합대오가 꾸려졌다.

지바현에 주둔하다 출동한 나라시노 기병 13연대 병사였던 옛 추야 리이치(越中谷利一)가 남긴 회고다.

9월 2일 정오 조금 전, 식량과 말먹이, 실탄 60발을 지급받아 질풍처럼 지바 거리를 달려갔다. 가메이도(龜戶)에 도착해 행동개시로 먼저 '열차검색'을 해 조선인을 모두 끌어내렸다. 칼날과 총검 아래 그들은 차례차례 거꾸러졌다. 일본인 피난민 가운데서 환호의 소리 '원수! 조선인은 모두 죽여라' 하는 소리가 울려 퍼졌다. 우리 연대는 이것을 '피의 잔치의 시작'으로 하여 그날 저녁부터 밤중까지 본격적인 조선인 사냥을 했다.[11]

---

10 내무성의 조사에 따르면 자경단은 도쿄 1,593곳, 가나가와 603곳, 지바 366곳, 사이타마 300곳, 군마 469곳, 도치기 19곳 등 모두 3,689개소에서 만들어졌다.

11 이 인용문은 훗날 프롤레타리아 작가가 된 옛추야 리이치가 쓴 『간토대지진의 기억』에 실린 글이다 여기선 『학살의 기억』 160~161쪽에서 축약해 인용했다.

당시 가메이도에서 근무하던 육군 야전중포병 제3여단 제1연대 제6중대의 병사인 구보노 시게지(久保野茂次)도 9월 2일의 일기[12]에 끔찍한 장면을 남겼다.

모치즈키(望月) 상등병과 이와나미(岩波) 소위는 재해지 경비 업무를 띠고 고마스카와에 가서 병사들을 지휘하여 아무런 저항도 없이 온순하게 복종하는 조선인 노동자를 200명이나 참살했다. 부인들은 발을 잡아당겨 가랑이를 찢었으며 혹은 철사줄로 목을 묶어 연못에 던져 넣었다. 고통스럽게 죽이거나 수없이 학살한 것에 대해 너무나도 비상식적인 처사라며 다른 사람들도 나쁘게 평가했다.[13]

이는 출동한 계엄군의 만행 중 극히 일부분의 모습이다. 현장에 있던 미국인 스티븐스(W. H. Stevens)는 "자동차를 타고 학살 현장을 지나다가 일본군에 의해 조선인이 학살당하는 장면을 목격했다. 일본군은 우리에게 조선인 시체 위로 차를 몰게 했으며, 불복종하면 조선인과 같은 운명을 맞이할 것이라고 협박했다"라고 체험담을 남겼다.[14] 오죽하면 주일미국대사조차 "무시무시한 대학살

12 구보노 시게지의 일기는 1975년 《마이니치신문》에 실리면서 주목을 받았다.

13 『학살의 기억』 149쪽에서 인용.

14 「관동 대학살에 대한 해외 조선인의 기억투쟁」(국사편찬위원회·독립기념관·동북아역사재단 주최 '관동대지진 조선인·중국인 학살에 관한 기억의 궤적' 심포지움에서 발표한 성균관대 김강산의 논문 8쪽)

이 대낮에 공공연하게 일어나는 일본이라는 나라는 세계에서도 가장 야만스러운 정부다"라고 했을까?

강덕상은 이처럼 『학살의 기억』들을 통해 계엄이 선포된 배경과 계엄군의 만행을 생생하게 밝혀 일본 정부가 희생양으로 조선인을 택했고 계엄군이 학살의 핵심 주체였음을 세상에 드러냈다.

정부가 유포한 유언비어의 실체

한편 지진 발생 직후 "조선인이 우물에 독을 탔다" 같은 유언비어가 간토 일원에 걷잡을 수 없이 퍼졌다. 이 소문은 일본 민중을 자극했다. 남의 불행을 틈탄 비열한 행동이라고 분노하며 곳곳에서 재향군인회가 중심이 된 자경단이 만들어졌다. 이들은 칼과 죽창, 갈고리를 휘두르며 거리에서 조선인을 마구 죽였다. 그래서 보통 조선인의 피해는 흥분한 자경단원의 짓이라고 알려져 있고 일본 정부도 이를 강조하며 책임을 비껴갔다. 유언비어의 출처를 규명하는 일은 쉽지 않다. 유언비어는 현장에서 날아가 버리고 시간이 지나면 기록을 찾는 게 쉽지 않기 때문이다. 하지만 강덕상은 내무성, 육군, 경찰 등 정부기관의 자료를 샅샅이 탐구해 유언비어를 만들고 퍼트리는 데도 일본 정부가 핵심 역할을 했음을 밝혀냈다.

당시 도쿄 시내의 모든 통신기관은 기능이 정지된 상태. 유일하게 외부와 연락할 수 있는 기관은 도쿄만에 있던 지바현 후나바시의 해군 무선송신소였다. 내무성 경보국장 고토 후미오는 9월 3일 오전 6시 이 송신소를 통해 각 지방 장관 앞으로 전문을 보낸다.

도쿄 부근의 지진을 이용하여 조선인들이 각지에 방화하고 불령(不逞)의 목적을 수행하려고 하며 현재 도쿄 시내에서 폭탄을 소지하고 석유를 부어 방화하는 자가 있다. 이미 도쿄부에서는 경계령이 시행되고 있으므로 각지에서는 충분하고도 면밀한 시찰을 더 하고 조선인의 행동에 대해서는 한층 더 엄밀히 단속할 것.

부산항과 여객선이 오가는 시모노세키항이 있는 야마구치현 지사와 후쿠오카현 지사 앞으로도 "조선인이 도쿄에서 폭동을 일으키고 있기 때문에 당분간 조선에서 일본으로 오는 자를 금지하라"라는 지시 전문이 내려갔다. 조선 총독과 대만 총독에게 보낸 전보도 비슷했다. 날조된 사실을 정부 전신망을 통해 버젓이 전파한 것이다. '내습', '선인폭동' 등의 내용이 담긴 전보가 여러 차례 발송되면서 위기감이 높아졌다.

고토 후미오의 전문이 일본 전역과 식민지 총독에게 보낸 것이라면 지방현 차원에서 전달된 유명한 문서가 있다. 바로 사이타마(埼玉)현 내무부장 고사카 마사야스(香坂昌康)가 각 군의 사무소에 전화로 통지해 시·정·촌에 이첩한 문서다. 현의 지방과장이 9월 2일 내무성과 협의한 뒤 오후 5시경 돌아와 보고한 정보를 바탕으로 만들어졌다.

도쿄에서 지진에 편승해 폭행을 행하는 불령선인 다수가 가와구치

방면으로부터 혹시 우리 현에 들어올지도 모릅니다. 또 그사이에 과격사상을 가진 무리들이 이에 합세하여 자신들의 목적을 달성하고자 한다는 분위기가 퍼져 점차 그 독수를 휘두를 우려가 있습니다. 따라서 지금 경찰력이 미약하기 때문에 정촌 당국자들은 재향군인분회, 소방대, 청년단원들과 일치협력하여 경계에 임하고 만약 유사시에는 속히 적당한 방책을 강구하여 시급하게 대비를 하라는 취지의 첩문이 내려왔으므로 이에 이첩합니다.

이 통첩은 사이타마의 모든 정·촌에 내려갔고 구마가야(熊谷), 혼조(本庄), 진보하라(神保原)를 비롯한 현 내 여러 곳에서 자경단이 조직되고 그들이 학살의 전면에 나서게 된 계기가 되었다. 혼조 오쿠라 다리 부근에서 목격된 장면은 놀라울 뿐이다. 『학살의 기억』 224쪽의 묘사다.

장작불 위로 4, 5명의 남자가 조선인의 손과 발을 큰 대(大)자로 움직이지 못하도록 잡고서 태웠습니다. 불에 구워버린 것이지요. 불에 타자 피부가 다갈색이 되었습니다. 태워지고 있던 조선인은 비명을 질러 댔지만 이미 힘없는 비명이었습니다. 그렇게 살해된 조선인이 차례차례 개울에 던져졌습니다.

이런 자경단의 만행을 일본 정부는 부추기고 뒷배를 봐 주었다. 시부야(渋谷)의 자경단원이었던 하야시 히데오(林英夫)는 9월 2일 육군소장이 "자네들은 이것을 손에 들고 경계하다가 조선인이면

朕兹ニ緊急ノ必要アリト認メ帝國
憲法第八條ニ依リ一定ノ地域ニ戒
嚴令中必要ノ規定ヲ適用スルノ
件ヲ裁可シ之ヲ公布セシム

御名

　　攝政　御名　御璽

大正十二年九月二日

　　内閣總理大臣

各省大臣

内閣

간토대지진 당시 계엄령 선포를 알리는 조문.

닥치는 대로 베어 버리라며 몇 자루의 단도와 일본도를 가리켰다"고 증언했다. 재향군인회 회원이었던 가와쓰키 다카쓰는 근위 보병 제1연대가 사용하던 총 30자루와 실탄 600발을 대여받았다고 회고했다.

강덕상은 이렇게 일본 정부가 '조선인 습격설'이라는 유언비어를 지어 내고 정부 전신망을 통해 유언비어를 일본 내외에 공공연히 퍼트렸다는 것. 이를 통해 일본 민중을 학살에 동참시켰다는 것을 드러냈다. 야마모토 곤베에 내각, 계엄당국이 군대를 동원해 학살을 직접 자행했을 뿐 아니라 유언비어를 만들고 전파하는 데도 핵심 주체였음을 밝힌 것이다.

조선인 탄압에 앞장선 일본 내각의 책임자들

강덕상의 연구는 여기서 멈추지 않고 이 비극의 근본 원인을 찾아 들어간다. 강덕상은 "1910년 조선총독부가 생긴 이래 총독은 현역 육해군 대장이었다. 그것은 일본이 갑오농민전쟁과 의병전쟁을 겪으면서 군대를 통해서만 즉 헌병정치만이 조선을 지배할 수 있는 길이라고 판단했기 때문이다"라고 분석했다. 일본의 조선 지배는 언제나 전쟁 상태였고 총독부는 조선인을 모두 적으로 바라보았다는 것이다. 그는 "조선총독부는 이천만 조선인이 보내는 원망의 눈길에 휩싸여 있어 고슴도치처럼 무장할 수밖에 없는 권력, 활화산 위에 위태롭게 서 있는 권력"이라고 진단했다. 일제가 선택할 수 있는 건 총과 칼뿐이었다. 헌병에게 '범죄 즉결령' 즉 3개월 이하의 징역과 100엔 이하의 범죄에 대해 처벌할 수 있는 권한이 보장되었다. 일개 헌병이 검사이며 판사인, 그래서 조선 천지는 감옥과 다를 바 없었다.

만일 조선 민중이 무릎 꿇고 살았다면 겉으로는 평화로웠으리라. 그러나 조선 민중은 일어났다. 간토대지진이 일어나기 전 조선과 일본의 격렬한 투쟁은 한반도 안팎에서 벌어졌다. 당시 식민지 방어를 위해 시베리아와 만주에서 전투를 벌인 일본은 『시베리아 출병 헌병사』에서 일본군을 상대로 가장 용감하게 싸운 게 '조선인 게릴라'라고 기록하고 있다. 극동인민공화국의 인민혁명군사령관 셰브셰브도 "조선 빨치산의 영웅성·용감성·공훈은 그 무엇과도 비교할 수 없다"라고 높이 평가했다

1919년 3·1운동은 조선 천지를 흔들었고 일본의 탄압은 역사상 유례가 없을 정도였다. 조선총독부는 3·1운동 탄압을 위해 일본으로부터 6개 대대를 지원받아 전국 요지에 배치하고 마구잡이로 총칼을 휘둘렀다. 1919년 4월 15일에는 '치안에 관한 범죄 처벌의 건'을 제정하여 시위운동에 가담한 자는 10년 이하의 징역에 처한다고 공포하였다. 3·1운동 기간 동안 조선인 7,509명이 죽었고 1만 5,961명이 부상당했으며 무려 4만 6,948명이 감옥에 갇혔다.

가혹한 탄압에도 3·1운동을 통해 민족해방투쟁은 고양되었다. 봉오동과 청산리 전투가 1920년에 일어나지 않았는가? 만주에선 무장투쟁의 열기가 높아지고 상해에서는 임시정부가 수립되었다. 1922년에는 상해 황포탄에서 의열단의 오성륜·김익상·이종암이

일본군 육군대장 다나카 기이치(田中義一)를 향해 총포를 당겼다.[15] 비록 미수에 그쳤으나 일본의 간담은 서늘했다.

지진이 일어나기 전 조선의 경성은 들끓었다. 1923년 1월 12일에는 종로경찰서에 폭탄이 터져 경찰서가 일부 파손되었다. 일본 경찰은 범인을 잡는다고 은신처로 지목된 삼판동 304번지를 덮쳤고 총격전을 치르고도 검거에 실패하자 무려 1,000명의 병력을 동원 남산 일대를 에워싸고 수색했다. 이름하여 '경성 천지를 뒤흔든 김상옥의 총격전'이다. 곧이어 3월에는 의열단이 일본 요인을 암살하기 위해 몰래 들여 오려던 무기가 발각되었다. 폭탄 36개, 폭탄 장치용 시계 6개, 뇌관 6개, 양도 양이지만 폭탄의 위력이 놀라운 것으로 밝혀졌다. 일명 2차 의열단 사건이다.[16] 일본은 조선의 민족해방투쟁에 경계심과 적대감을 쌓아갈 수밖에 없었다.

정세가 요동치자 일본 경찰은 조선에서 일본으로 넘어오는 이주노동자 모두를 적대시하고 경계했다. 유학생에 대한 감시는 더욱 심해 거의 전부를 요시찰로 판단했다. 요시찰이 되면 갑호에는 5명, 을호에는 3명이 미행하며 사진이나 필적을 확보했다. 요시찰이 아니어도 협화회로 묶어 인상, 특징, 교우관계, 일본에 관한 관점을 면밀하게 기록했다.[17] 1922년 자유도항제 시행으로 건너오

---

15 다나카 기이치(田中義一)는 1923년 지진 당시 내각에서 육군대신을 맡는다.

16 『독립운동열전 1』(임경석, 푸른역사) '경성 천지를 뒤흔든 김상옥의 총격전, 의열단 사건이 경이로운 이유' 참조

17 협화회는 일본 내 모든 조선인을 강제로 가입시킨 조직이다. 이 단체는 근로봉사·일

는 조선인이 더욱 많아지자 해당 기업에게 실직이나 질병으로 공안상 문제가 발생하지 않도록 하라는 지침을 내렸다. 각 경찰서 특별고등과(특고과)에는 조선인계를 설치해 사회주의자나 노동운동가에 대한 수준으로 감시의 칼날을 들이댔다. 또 경찰서 내에서 좌담회나 학습회를 통해 "조선인의 국민성은 거짓말을 하는 것이다. 생활 정도가 낮아 유치장에서 살게 하는 게 더 좋다" 같은 멸시의식, 적대감을 쌓아갔다.

이런 상황에서 맞닥뜨린 대지진에서 수백만의 이재민이 발생하자 일본 정부는 두려웠다. 밖에서는 갈수록 격화되는 조선의 민족해방투쟁에 맞서야 하는데 안에서 쌀폭동과 같은 일본 민중의 매서운 저항이 일어나는 건 상상할 수 없었다. 자칫 조선인 이주노동자와 일본 민중이 연대하고 중국인 노동자까지 합세하는 상황도 떠올려 볼 수 있었다. 여기에 사회주의자가 가세해 일본의 천황체제에 대한 투쟁의 불길이 번지면 어떤 상황이 벌어질지 알 수 없었다.[18] 일본 정부는 인민의 불만을 다른 곳으로 돌려야 했다. 희생양이 필요했다. 식민지 조선과 떨어져 고립되어 있는 조선인 이주노동자는 좋은 먹잇감이었다.

당시 일본 내각과 군부의 주요 자리는 갑오농민전쟁과 의병 전쟁, 간도 참변과 3·1운동에서 조선을 탄압하고 조선인의 저항을

본어 학습·창씨개명 등을 강요했고 회원은 협화회 회원장(수첩)을 소지해야 했다.
수첩에는 온 가족의 사진을 붙이고 신사 참배 참석 여부가 기록되었다.
18 1923년 노동절 때 일부 조선인 노동자가 전투적으로 참여했다.

경험한 자가 차지하고 있었다. 미즈노 렌타로는 도쿄제대를 졸업한 문관이면서도 1895년 명성황후 시해사건에 가담했다. 1919년 사이토 마코토(齋藤實)와 함께 정무총감으로 조선에 부임할 때 남대문역(지금의 서울역)에서 강우규로부터 폭탄 공격을 받았다. 아케이케는 3·1운동 당시 경무총감으로 만세운동에 가담한 조선인을 총포로 진압한 인물이다. 도쿄지사인 우사미 가쓰오(宇佐美勝夫)는 조선총독부의 내무장관을 지냈고 군사참의관인 오바 지로(大庭二郎)는 간도 작전의 주둔군 사령관이었다. 제1사단 사단장인 이시마쓰 미오미(石光眞臣)는 3·1운동 당시 조선의 헌병대 사령관이었다. 이런 이력을 가진 자들이니 주저하지 않았다. 조금만 꾸물대면 어떤 항거가 발생할지 몰랐기에 주저할 틈도 없었다. 끈질기게 일본제국에 맞서는 조선인을 죽이는 데 망설일 이유가 없었다. 식민지전쟁의 무대가 일본 땅으로 옮겨졌을 뿐이었다. 그래서 단지 자연재해인 대지진에도 불구하고 위법성이 있는 계엄령을 선포, 조선인 참살에 나선 것이다.

강덕상은 이렇게 간토 조선인 대학살의 뿌리를 규명했다. 조선인에 대한 몰살선언으로, 조선의 민족해방투쟁에 대한 적대감에서 비롯된 식민지전쟁으로, 갑오농민전쟁과 의병전쟁, 경신 간도 참변과 3·1운동의 뒤를 잇는 학살 사건으로 바라보았다. 강덕상이 연구로 내놓은 결론이다.

간토학살 연구의 새로운 길을 개척하다

강덕상은 어린 시절 황국 소년이 되려 했다. 1934년 네 살의 나이로 경남 함양에서 일본으로 건너온 강덕상은 자신이 조선인이라는 게 싫었다. 소학교 때 반찬은 김치뿐인데 냄새 난다고 일본 아이들이 소리를 질러 대 도시락을 싸가지 않았다. 어머니가 학교에 오거나 소풍을 따라오는 게 싫었다. 동네에서 어머니를 만나면 고개를 돌렸다. 할머니가 일본에 와 역 앞에서 만났을 때도 그는 외면했다. 강덕상은 '천황의 강한 방패'인 황국 소년이 되길 꿈꿨다. 그가 소학교를 다닐 때 6학년이 앞장서 대열을 만들고 집단 등교를 했다. 학교에 도착하면 봉안전에 절을 하고 교실에 들어갔다. 이때 그는 항상 행진의 선두 오른쪽에 서서 대장 노릇을 했다. 태평양전쟁이 시작되던 날 아버지가 "일본은 엿이나 먹어라"라고 말하자 화를 내는 아들이었다.

1940년 들어 시행된 황민화 정책으로 일본 거주 조선인도 창씨개명을 해야 했다. 소학교 시절 담임인 미쓰나리는 강덕상을 교단에 세우고 "오늘부터 너는 '신노 도쿠소'"라고 했다. 강덕상은 어린 시절 아버지 강영원이 나카무라 겐이치로 개명하면서 나카무라로 불렸다. 학교에 들어가서는 강(姜)의 일본어 음독인 '교우'로 불리다가 창씨개명을 맞아 담임선생이 자기 마음대로 강을 신노(神農)로 바꾸어 버린 것이다. 중학교에 들어가서 강덕상은 '덕상'의 일본어 발음인 '도쿠소'를 버리고 스스로 '신노 사토시(神農智)'로 고쳤다. 그는 진정한 황국신민이 되려 했다.

강덕상의 변화는 일본의 항복과 함께 시작되었다. 해방의 감격으로 재일조선인 사회는 들끓었다. 강덕상도 민족의식에 눈을 뜨고 태극기를 알게 되었다. 일본어가 모국어였던 그는 조선어를 발견했다.[19] 강덕상은 황국 소년으로서 갈 바를 잃은 허무감에 방황도 했지만 1950년 와세다대학에 다닐 때 조선인 선언을 하고 황국신민으로서의 굴레를 벗었다. 고등학교 역사선생의 인도로 와세다대학 역사학부에 진학한 강덕상은 어느 날 20명 정도 모인 중국연구회에서 "지금까지 일본인으로 살아왔고 일본인으로서 너희들과 사귀어 왔어. 그러나 그것은 나의 나약함이었어. 사실 난 조선인이야"라고 고백한다. 강덕상은 이때가 너무나 무서웠다고 기억한다. 모임의 장소와 시간은 가물거려도 가슴의 방망이질은 평생 잊지 못했다. 그는 이날 비로소 '강덕상'이란 이름을 되찾았다.

강덕상의 사학과 학우인 미야타 세츠코(宮田節子)는 그날의 선언을 "일본인보다 더 일본인 같았던 강덕상의 고백은 중국연구회 동료들에게 충격을 주었다. 이때 나는 처음으로 나 자신이 일본인이라는 사실을 고통스러운 마음으로 자각하게 되었다. 그리고 이 사건을 계기로 조선근대사에 뜻을 두게 되었고 무모하게도 졸업논문의 테마로 3·1운동을 택해 버렸다"라고 회상했다.

19 1945년 해방이 되고 일본 땅에 있던 재일조선인은 귀국의 설렘을 안고 '국어강습소'를 만든다. 일본에서 태어난 자녀에게 우리말을 가르쳐 고향에 돌아가려고 준비를 한 것이다. 1945년 말에 일본 전역에 국어강습소가 500여 곳이 될 정도로 열기가 뜨거웠다. 이후 '재일조선인연합'이 만들어지면서 국어강습소는 '조선학교'로 변모한다.

중국현대사에 관심을 두던 강덕상을 재일사학자로, 간토학살 연구로 이끌어 준 두 사람이 있었다. 한 명은 『일본의 한국병합』, 『일본 통치하의 조선』을 쓴 야마베 겐타로(山邊健太郎). 그는 일본이 1912년 조선에서 공포한 태형령(笞刑令)[20]을 중요한 문제로 제기했다. 『일본의 식민지 조선통치 해부』에서 야마베는 "수형자를 형판에 붙들어 매고 입을 헝겊으로 틀어막고 노출된 둔부를 때리는 태형이 조선인에게만 적용된다. 매우 잔혹한 형벌이자 간단히 시행될 수 있기에 남용되었다"라고 일본의 헌병통치를 고발했다. 야마베는 강덕상에게 "조선 사람이니 조선사를 공부해라, 조선사는 일본사의 왜곡을 바로잡는 거울이다. 조선사를 배워 일본과 다리를 놓는 중개 역할을 하라"고 일깨워 주었다.

강덕상은 야마베의 가르침을 새기며 조선사 연구에 발을 디뎠다. 그는 와세다대학의 중국연구회 내에 조선사 연구모임을 만들고 일본의 조선사 연구에 주춧돌을 놓는다. 1958년 우방협회를 토대로 만든 조선근대사연구회는 이를 촉진하는 장이었다.

미야타 세쓰코가 3·1운동 자료를 구하기 위해 접촉했던 우방협회는 조선총독부의 제반 정책결정과 실행에 관여한 관료들이 모여 결성한 단체였다. 이 협회의 대표인 호즈미 신로쿠로(穗積眞六

---

20 재일사학자 박경식은 태형을 구체적으로 설명했다. "태(笞)는 소의 음경을 사용하고 앞에 납을 붙여 때리는데 살에 움푹 패여 들어가 피가 났다. 물에 적신 베를 물게 해서 비명을 지르지 못하게 했다. 이 형벌로 사망자와 불구자가 나올 정도였다."

郞)[21]는 식민지 지배의 공과를 정리하기 위해 사료를 모으고 편찬하기를 원했다. 이 뜻을 와세다대학의 강덕상과 미야타 세츠코, 도쿄대학의 가지무라 히데키(梶村秀樹) 등 젊은 연구자가 받아들였다. 호즈미는 자신의 인맥으로 조선총독부의 주요 관료를 강사로 초빙해 각자의 경험을 얘기하고 젊은 연구자의 질문에 답하게 했다. 구술사 방식으로 진행된 조선사 세미나였다. 무려 500여 회나 진행되어 그 기록 테이프가 200개나 되는데 이를 바탕으로 강덕상은 조선사 연구의 방향을 세우고 문제의식을 넓혀 나갔다.

이런 강덕상을 간토 조선인 대학살 연구로 한발 내딛게 한 인물이 박경식이었다. 여동생의 담임이면서 조선대학교의 교원을 지낸 박경식은 "우리는 땅에서 솟아난 것도 아니고 하늘에서 떨어진 것도 아니다. 우리는 일본으로 끌려 왔다. 그러나 패전 후 일본은 조선인을 내쫓으려고만 한다. 우리는 일본에 살 권리가 있다. 이것을 따지는 게 시대의 의무다. 이를 호소하는 것이 역사가가 할 일이다"라며 조선인 강제연행을 연구하고 있으니 강덕상에게 같이 할 것을 제안했다. 야마베 신타로가 강덕상에게 재일사학자라는 길을 제시했다면 박경식은 역사가가 짊어져야 할 시대의 임무를 일깨워 준 셈이다.

21 호즈미 신로쿠로는 조선총독부에서 식산국장을 하다 황민화 정책, 창씨개명에 반대해 사직하고 조선상공회의소 회두가 되었다. 종전 후에는 1947년 5월 참의원에 당선되었고 의원직을 물러나 1952년 우방협회를 설립하고 이사장에 취임했다.

이 무렵 강덕상은 국회도서관에서 마이크로필름으로 보존되어 있던 '공문비고(公文備考)'를 발견한다. 1945년부터 1952년까지 일본에 있던 GHQ(연합국사령부)가 압수했다 반환한 이 문서는 마이크로필름 형태로 된 해군성 자료로, 지진 당시 일본 내각의 여러 움직임을 담고 있었다. 일본에서는 1945년 항복 전까지 조선인 대학살에 대해 사실 규명을 시도하는 것은 형무소 행에 해당하는 일이었다. 종전이 되어서야 증언이 나오기 시작했고 연구논문도 출간되었다. 1959년에 발표된 사이토 히데오(斎藤秀夫)의 연구는 그 제목이 「간토대진재와 조선인 소요」(역사평론)였다. 청년 강덕상은 이 글을 접하며 분노했다. 피해자인 조선인이 마치 소요를 일으킨 것처럼 쓰여진 제목을 받아들일 수 없었다. 또 다른 문제는 일본 역사학계가 조선인이 당한 학살을 오스기 사카에(大杉栄) 일가족 사건[22], 가메이도 경찰서 사건[23]과 같은 선상에서 취급하는 태도였다. 강덕상은 이 또한 받아들일 수 없었다. 앞의 두 사건은 일본 내 계급문제이고 권력범죄이며 규모도 작았다. 조선인 학살은 일본의 정부와 군대·경찰·민중이 합세하여 저지른 민족범죄였고 그 규모도 6,661명이기에 오스기 사카에 사건이나 가메이도 사건과는 성격이나 차원이 달랐던 것이다.

22 일본의 대표적 무정부주의자인 오스기 사카에와 그의 부인이며 여성운동가인 이토 노에(伊藤野枝), 여섯 살 된 조카 다치바나 소이치(橘宗一)를 헌병이 살해한 사건이다.

23 가메이도 경찰서에 예비 구속되어 있던 노동운동가 10여 명이 경찰의 요청을 받은 나라시노 기병 제13연대에 의해 학살당한 사건이다.

그는 일본 역사학계의 이런 시각과 태도에 맞섰다. 마침 공문비고에는 민간 자료에서는 접할 수 없던 핵심 기밀이 담겨 있었다. 그는 이를 재일사학자 금병동과 함께 정리하고 조선인 학살에 관한 다른 중요한 사료까지 묶어 1963년 10월 『현대사자료6: 간토대지진과 조선인』이라는 자료집을 발간했다. 이 자료집은 일본 역사학계가 조선인 대학살을 연구하는 데 중요한 기초가 되었다. 이는 당시 《일본독서신문》과 《도서신문》에도 크게 보도되었는데 강덕상은 이 자료를 바탕으로 세 편이나 되는 논문을 그해 7월부터 9월까지 연이어 발표했다.[24]

마침 그해는 간토대지진 40주년이어서 아우슈비츠의 유대인 학살과 난징대학살도 함께 조명되었다. 박경식도 조선대학교에서 『간토대지진에서의 조선인 학살의 진상과 실태』를 발간한 터라 강덕상의 연구성과는 더더욱 관심을 받았다. 이때부터 그는 간토 조선인 대학살 연구의 핵심 주제, 왜 계엄령이 발동되었는가? 그리고 유언비어의 출처와 배포망은 어디인가? 이 비극의 근본 원인은 무엇인가를 탐구한 것이다.

---

24 1963년에 발표한 세 편의 논문은 「간토대지진의 조선인 학살 실태(関東大震災における朝鮮人虐殺の実態)」(『歴史学研究』 278호. 1963.7), 「대지진하의 조선인 피해자 조사(大震災下朝鮮人被害者の調査)」(『労働運動史研究』 37호. 1963.7), 「조작된 유언비어: 간토대지진 조선인 학살에 대해(つくり出された流言: 関東大震災における朝鮮人虐殺について)」(『歴史評論』 157호. 1963.9)이다.

『학살의 기억, 관동대지진』. 강덕상의 대표 저작이다.

일본 국립대학 재일한국인 채용 1호 교수

강덕상은 간토대지진 연구로 명성을 쌓아 나갔지만 메이지대학 대학원을 나온 뒤 오랫동안 시간강사로 떠돌았다. 간토의 호세이 대학, 릿쿄대학, 요코하마국립대, 멀리 홋카이도까지 갔다. 시간강 사이지만 강덕상의 강좌는 인기가 많았다. 그는 '일본이 가르치지 않는 일본사'를 강의했고, 당연히 간토대지진이 강의 주제로 올라 갔다. 이 강의는 지바, 사이타마, 가나가와현 등 각지에서 학살된 조선인을 추도하는 시민운동이 일어나는 데 적잖은 기여를 했다.[25]

　강덕상이 강사 생활을 할 때 어머니가 도쿄 요요기역 앞에서 중국음식점을 하면서 벌이가 있는지라 그는 적은 강사비로 빠듯 하게나마 생활을 꾸리고 연구를 지속할 수 있었다. 그때 선배가 세 타가야(世田谷)의 가라스야마(烏山)라는 곳에 같이 빠칭코 점포를 해 보자고 제안해 강덕상은 빚을 내 투자를 했다. 당시 빠칭코 사업을 하면 큰돈을 벌 수 있다는 소문이 돌았었다. 하지만 석 달 만에 문 을 닫았고 강덕상은 큰 손실을 보았다. 그는 10년에 걸쳐서 그 빚 을 갚느라 제대로 연구도 못 하는 세월을 보냈다.

25　학살당한 조선인 추도 모임인 호센카의 니시자키 마사오(西崎雅夫)는 강덕상의 강 의에서 많은 영향을 받았다고 밝혔다. '간토대지진 때 조선인 학살 사실을 알고 추모하는 가나가와현 실행위원회' 야마모토 스미코(山本すみ子) 대표는 학살이 있 었다는 사실을 나열하는 것에서 나아가 왜 학살이 일어났는지를 밝혀야 한다는 강덕상의 시각으로부터 많이 배웠다고 회고했다. 이 책 '니시자키 마사오' 편과 '야마모토 스미코' 편 참조.

이런 우여곡절 끝에 1989년 4월 강덕상은 쉰여덟이 되어서야 일본 국립대학의 전임교수로 채용된다. 히토츠바시(一橋)대학은 조선사 교원이 필요해져서 강덕상을 원했다. 이때 문부성방침이 걸림돌이 된다. 전후 일본에는 "외국 국적자는 국공립대학의 교원으로 채용하지 않는다"는 규정이 있었다. 모모야마가쿠인(桃山学院)의 서용달 교수를 비롯해 일본의 시민사회는 '국공립대학에 정주 외국인을 임용하자'라는 시민운동을 활발히 펼쳤고 한국 유학생도 '조선사 교원 유치'를 위해 물밑에서 노력했다. 이런 움직임 덕분에 강덕상은 히토츠바시대학의 교수가 되었다. 3년 계약직이지만 재일한국인으로서는 처음으로 일본 국립대학의 교수가 된 것이다. 계약을 연장할 때 적잖은 어려움이 있었지만 강덕상은 히토츠바시대학에서 정년을 채웠다. 지금은 일본 내 재일한국인, 조선인 출신의 교원이 많아졌다. 임기제도 거의 없어졌다. 그가 내딛은 첫발이 차별을 깨뜨리는 발걸음이 된 셈이다.

강덕상이 받았던 차별은 이것만이 아니었다. 거슬러 올라가면 상급학교 입학과 취업 때도 겪었다. 아오야마 고등학교를 마치고 강덕상은 한때 기관장이나 항해사가 되려 했다. 수산학교에 원서를 받으러 가니 "입학원서를 낼 자격이 없다"고 했다. 기관장이나 선원은 해외를 자유롭게 오가야 하는데 조선인은 안 된다고 했다. 취직을 할 때도 그랬다. 방송부 친구들이 "너는 목소리가 좋으니 아나운서에 응모해 봐"라고 하며 방송국 취업을 권했다. 그러나 NHK는 응시 자체를 거부했다. 아사히신문도 마찬가지였는데 "취재차 조선인이 가정집에 이른 새벽이나 밤중에 들어갈 수 없으니 안 된다"는 입장이었다.

　잘 안 알려져 있지만 강덕상은 전과 3범이다. 모두 외국인 등
록법 위반[26]인데 재일조선인은 1947년에 시행된 '외국인 등록령'
에 의해 '외국인'으로 간주되고 국적란엔 '조선적(籍)'으로 기록되
었다. 그리고 '외국인 등록증명서'를 가지고 다녀야 하고 경찰이
요구하면 제시를 해야 했다. 첫 번째는 강덕상이 편한 복장으로 목
욕탕에 다녀올 때였다. 당연히 지니고 있지 않았다. 또 한 번은 조
선장학회에 갔을 때였는데 좌우학생들 간에 다툼이 있었다. 그래
서 경찰이 건물을 경비하고 있는데 이를 모르고 들어간 강덕상은
등록증을 갖고 있지 않다고 잡혀가 요도바시(淀橋) 경찰서에 8시간
이나 갇히고 말았다. 이런 식으로 전과 3범이 되었다.

시대의 임무를 짊어진 역사학자

강덕상은 안타깝게 2021년 우리 곁을 떠났다. '시무(時務)의 역사
학자'로서 우리에게 『학살의 기억, 관동대지진』과 『여운형 평전』
이라는 자산을 남겼다. 그는 말년에 혈액암과 방광암에 걸려 큰
고통을 겪었다.[27] 구순을 앞둔 나이인 2019년 그는 투병 끝에 『여

26　1947년 시행된 '외국인 등록령'은 1952년 샌프란시스코조약 발효와 함께 '지문
　날인'을 의무화한 '외국인 등록법'으로 바뀌었다.
27　『시무의 역사학자』(어문학사)에 강덕상의 투병기가 담겨 있다. 일부를 소개한다.

운형 평전』전 4권을 완성했다. 여운형을 남북이 공유해야 할 독립운동의 자산이라고 바라보며 분단의 극복이 진정한 해방임을 말하고자 했다. 앞서 언급했듯 강덕상은 박경식으로부터 많은 영향을 받았다. 그 외에도 강덕상에게 영향을 준 인물이 많았다. 이진희 교수는 광개토대왕비를 연구해 임나일본부와 "신라, 백제는 일본의 속국이었다"는 주장이 거짓임을 입증했다. 강재언은 조선의 근대와 사상사 관련 연구를 통해 "조선은 근대가 없는 헤이안(平安) 시대일 뿐"이라는 식민사관과 맞서 싸웠다. 한편 박종근은 『청일전쟁과 조선』이라는 저술을 통해 청일전쟁이 일본의 조선 침략 전쟁임을 밝히고 일본에서 외면하는 명성황후 시해 사건을 줄기차게 문제 제기했다. 강덕상은 이런 일군의 재일사학자와 함께 노력하며 간토학살 연구로 우뚝 섰다. 그는 78세의 나이에 『학살 재고: 계엄령이 없었다면』(삼일서방, 2008)을 썼고 83세에는 「일국사를 넘어서: 간토대지진 조선인 학살연구 50년」(『대원사회문제연구소잡지』 668호, 2014.6)을 썼다.

강덕상은 이렇듯 평생을 '조선인 대학살'의 진실을 밝히기 위해 노력했다. 사료와 연구를 통해 일본에게 내밀 청구서를 가지런히 작성했다. 학문으로 일본의 학살 범죄에 대해 서릿발 같은 공

"항암제 치료가 시작되었습니다. 6회까지는 괜찮았는데 7회 8회에는 기억장애와 의식장애를 일으켜 아무것도 모르게 되었습니다. 정신을 잃고 구급차에 실려 갔습니다. 3일간 날뛰어서 어쩔 수 없이 저를 꽁꽁 묶어두었다고 합니다. 깨어나 보니 자유롭게 행동할 수 없는 상태였습니다."

소장을 썼다. 그가 쓴 청구서로 셈을 야무지게 받아내고 그가 쓴 공소장으로 일본을 역사의 법정에 세우는 건 남은 자의 몫이 아닐까? 이제는 100년의 침묵을 깨트려야 한다.

간토 조선인 대학살을 주도한 내각, 군부, 경찰 주요 인사의 경력

본문에서 밝혔듯 일본은 지진이 발생한 다음 날 '조선인 습격설'을 명분으로 계엄령을 선포하고 조선인을 향한 군사작전에 나섰다. 당시 내각, 군부, 경찰의 주요 인사는 갑오농민전쟁과 의병전쟁. 그리고 3·1운동 및 간도와 연해주 일대에서 전개된 조선의 민족해방투쟁을 탄압하는 데 앞장선 자들이다. 조선인이 6,661명이나 참혹하게 학살당하는 데는 이들의 이력이 큰 영향을 미쳤다.

야마모토 곤베에(山本権兵衛): 지진 발생 직후인 9월 2일 총리대신을 맡았다. 1852년 사쓰마번에서 출생하여 해군대신 겸 해군대장으로 러일전쟁을 승리로 이끌었다.

미즈노 렌타로((水野錬太郎): 내무대신. 1919년 9월 2일 제2대 정무총감으로 취임하기 위해 사이토 총독과 함께 서울에 온 날 남대문역(현 서울역)에서 강우규로부터 폭탄 공격을 받았다.

야마나시 한조(山梨半造): 지진 당시 육군대신이었다. 청일전쟁과 러일전쟁에 참전하고 대지진 당시 간토계엄사령관 겸 도쿄 경비사령관을 지냈다. 야마모토 곤베에 내각이 출범하면서 육군대신 직위는 다나카 기이치에게 간토계엄사령관 직위는 9월 3일 후쿠다 마사타로에게 인계했다.

아카이케 아쓰시(赤池濃): 지진 발생시 도쿄 경시총감으로 3·1운동 당시 경무총감, 즉 경찰 총책임자였다.

유아사 쿠라헤이(湯淺倉平): 아카이케 아쓰시의 후임으로 9월 5일 경시총감이 되었다. 후에 조선총독부 정무총감으로 부임한다.

히로가미 유키치(白上祐吉): 쇼리키 마쓰타로의 후임으로 경시총감 바로 밑인 관방주사가 되어 고등경찰계, 특별고등과를 총괄했다. 조선총독부에서는 경무국 특고과장을 지냈다.

다나카 기이치(田中義一): 야마모토 곤베에 내각에서 야마나시 한조

의 후임으로 육군대신을 맡았다. 1922년에 상해 황포탄에서 의열단
의 오성륜·김익상·이종암에게 저격을 당한 적이 있다.

**우사미 가쓰오(宇佐美勝夫): 도쿄부지사로 조선총독부 내무장관이었
다.

**오바 지로(大庭二郎): 군사참의관으로 간도 작전의 조선 주둔군 사령
관이었다.

**이시미쓰 미오미(石光眞臣): 제1사단 사단장으로 3·1운동 당시 헌병사
령관이었다.

**아베 노부유키(阿部信行): 계엄사령부 참모장으로 시베리아 출병군
참모장이었다.

학살당한 조선인의
추모를 위한 한평생

_____

니시자키 마사오

"죽이지 말자, 죽임을 당하지 말자, 죽이게 하지 말자"가
중요하다고 생각한다. 재일조선인인 한 회원도 비슷한 말을 했다.
나와 내 아이, 내 손자가 죽으면 안 되기 때문에 나는 이 일을 한다고.

1982년 5월, 니시자키 마사오(西崎雅夫)가 메이지대학 영어과 4학년에 다니던 어느 날이었다. 한 선배가 '간토대지진 때 학살당한 조선인 유골을 발굴하여 위령하는 모임'(이하 추도모임)[1]이 만들어지고 있다며 모임을 이끄는 기누타 유키에(絹田幸惠)를 소개해 줬다.

기누타의 헌신으로 '추도모임' 결성

기누타는 1950년 오카야마대학 교육학부를 나와 도쿄 아타치(足立)구의 한 소학교에 재직할 때, 아라카와(荒川)[2]의 유래에 대해 질문을 받는다. 그는 해답을 구하기 위해 마을 노인을 찾아다니며 강의 역사를 이모저모 조사하다 놀라운 이야기를 듣게 된다

옛 요쓰기바시(四ツ木) 다리 아래 아라카와 강가에서 열 명씩 조선인을 묶어 늘어놓고 군대가 기관총으로 쏴 죽였어요. 다리 아래에

---

1 1982년 12월 3일 '간토대지진 때 학살당한 조선인 유골을 발굴하여 위령하는 모임'으로 발족해 1992년 '간토대지진 때 학살당한 조선인 유골을 발굴하여 추도하는 모임'으로 이름이 바뀌었다.

2 도쿄의 북동쪽을 흐르는 아라카와 방수로 공사는 1910년 대홍수 이래 1911∼1930년까지 시행되었는데 이와부치 수문에서 도쿄만에 이르는 길이 22킬로미터의 큰 공사였다. 당시 조선인 노무자는 대부분 합숙소 생활을 했고 부근 가메이도 남쪽의 오지마(大島) 부근에는 중소기업이 많이 있어 조선인 직공이 적잖이 일했다.

세 군데 정도 큰 구덩이를 파서 묻었어요. 참혹한 짓을 했지요.[3]

노인은 그러면서 기누타에게 "죽은 조선인의 뼈가 그대로 묻혀 있으니 독경이라도 해줘야 하지 않을까" 하는 말을 덧붙였다. 기누타는 노인의 말을 가슴에 담고 "유골이라도 추려 조선인 영령을 위로하자"며 언론사와 부근 사찰에 호소했으나 차가운 반응뿐이었다. 그때 기누타는 도쿄도 에도가와(江戶川)구의 구의원이었던 다카노 히데오(高野秀夫)를 만난다. 그의 도움으로 시민의 호응을 이끌어 내며 '추도모임'을 본격 추진했다. 기누타는 니시자키 마사오에게 이런 과정을 들려 주며 함께하자고 호소했다.

니시자키는 이 무렵 메이지대학에서 '조선어 자주강좌'를 듣고 있었다. 조선어가 정식학과로 만들어져 있지 않아 뜻 맞는 학생과 학교 밖에서 강사를 모셔와 공부했다. '가갸거겨'부터 배우는 걸음마모임이었는데 뜻밖에 조선인이 많았다. 그는 조선인이 자기 말을 모른다는 사실에 놀랐다. 그것이 조선어 금지, 조선학교 폐쇄령 같은 민족차별 정책 때문임을 알고 한일관계를 공부하고 싶었다. 마침 강덕상이 메이지대학에서 강사로 조일관계사 강의를 했다. 니시자키는 강덕상의 수업에서 '조일수호조규(강화도조약)'가 일본이 조선에게 영사재판권, 무관세무역 같은 불평등조항을 강요한 조약임을 알았다. 또 청일전쟁 승리 후 일본이 동학

---

3 요쓰기바시 다리는 길이 247.4미터에 폭 3미터, 지주는 철근 콘크리트이고 몸체는 나무였다. 지진이 일어난 후 피해 지역인 도심과 외곽을 잇는 중요한 루트였다.

니시자키 마사오가 호센카 자료실에서
현장 설명을 하는 모습이다.

농민군을 짓밟고 조선을 식민지로 만드는 발판을 마련한 사실을 알았다. 일본에서 가르치지 않는 일본의 역사였다. 강의실 분위기는 뜨거웠다. 니시자키는 강덕상의 강의를 빼먹지 않았다. 민족문제, 차별문제에 눈을 떠가던 청년 니시자키 마사오는 기누타의 제안을 받아들여 '추도모임'에 들어가기로 마음먹는다. 니시자키는 아다치구립 제10중학교를 다닐 때 학교 가까이 있는 아라카와 둔치에서 즐겨 공을 찼다. 그렇게 자기가 뛰놀던 곳에서 끔찍한 살인이 있었고 그 시체가 기름에 태워져 아무렇게나 묻혀 있다는 사실 또한 외면하기 어려웠다.

니시자키는 노인으로부터 경험을 듣는 증언수집반에서 뛰고 싶었는데 이 활동은 인기가 높아 그에게 차례가 돌아오지 않았다. 니시자키는 대신 문헌반에서 활동했다. 문헌반은 릿쿄대학 야마다 쇼지(山田昭次)[4]의 연구실에서 한 달에 한 번씩 모여 지도를 받았다.

1982년 9월 2일 유골 발굴의 첫 삽을 뜨다

기누타의 제안으로 시작된 '추도모임'은 1982년 7월 18일 준비회를 결성하고 발굴 준비, 취재, 자료연구, 학습회반 등으로 짜임새를 가다듬었다. 무엇보다 발굴 작업에 팔을 걷어붙였다. '추도모임'은

---

4   야마다 쇼지는 당시 '재일동포유학생간첩단' 사건에 연루된 서승, 서준식을 돕는 활동을 했다.

아라카와강이 국가하천이기에 주무부처인 건설성(현재의 국토교통성)에 발굴 허가를 요청했다. 유골이 나오면 파장이 클 터인데 과연 허가를 내줄까 긴가민가하면서 낸 신청이었다. 예비교섭 때는 고개를 저었는데 8월 초 분위기가 바뀌었고 8월 19일 오나기가와(小名木川) 출장소에 '하천부지 사용원'을 제출하니 다음날인 20일 허가가 떨어졌다. 태풍이 오는 때니, 3일 동안 세 곳만 파고 그날 판 곳은 그날 메우라는 조건이었다.

'추도모임'은 학살로부터 59년이 지난 1982년 9월 1일, 아라카와 강가에서 첫 위령제를 열었다. 다음날인 2일부터 발굴이 시작되었다. 발굴 과정은 야마다 쇼지의 소개로 참여한 릿쿄대학 고고학과의 오카모토 이사무(岡本勇)가 이끌었다. 가장 중요한 게 어느 지점을 팔 거냐였다. 네 명의 주요 증언자 중 세 명은 제방 밑을 가리켰으나 콘크리트로 덮여 있어 강둑이 무너질 수 있기에 시도할 수 없었다. 나머지 한 명은 기네가와 다리에서 하류 쪽으로 100미터 정도, 둑에서 강 쪽으로 20~30미터 떨어진 아라카와 남쪽 강가의 한 곳을 꼽았다. 그는 기관총을 쏜 군인이 나라시노에서 온 기병대라고 증언했고 군대의 명령으로 시체를 묻기 위해 직접 땅을 판 사람이었다.[5] 학살 당시의 전당포 창고가 남아 있어 표지 노릇도 하기에 '추도모임'은 그가 가리키는 지점을 택했다. 얼마나 깊

5　그는 증언 당시 가명 이이(#伊)를 썼다. 이이와 비슷한 증언을 한 사람이 많은데, 도쿄도 데리시마(寺島) 5초메에 살던 하세가와(長谷川)는 "2일인가 3일경에 군대가 아라카와 갈대밭에서 기관총을 쏘아 댔다"라고 말했다.

이 팔까도 어려운 문제였다. 둔치는 산책로 조성이나 제방 안전을 위해 여러 차례 흙더미가 얹어져 계속 높아졌다. 1923년 당시의 높이를 알아야 했다. 일단 3.5미터를 파기로 했다.

9월 2일 아침 7시 30분부터 포크레인이 움직였다. 8×4미터 넓이로 구덩이를 팠고 9시경이 되었을 때 3미터 깊이에 이르렀다. 매스컴을 탄 탓인가? 이른 아침부터 방송국 카메라, 사진작가, 다큐멘터리 감독, 마을 주민이 몰려들어 북적거렸다. 학살 현장에서 살아남은 조인승[6]도 모습을 나타냈다. 그는 발굴 전부터 '추도모임'에 전화를 했고 뼈가 나오면 알려드릴 터이니 집에 계시라 권했음에도 첫날부터 자리를 지켰다. 구멍이 깊어지니 흙바가지가 미치지 못해 회원들이 내려가 삽질을 했다. 매일 되메워야 하는 조건이니 한 시각이 급했다.

물론 스물두 살의 니시자키도 웃통을 벗고 뛰어들었다. 9월 2일 늦더위는 오전부터 매서웠다. 한길 넘게 판 땅밑에는 바람이 불지 않는 데다 바닥에서는 강물이 솟아 올라왔다. 회원들은 땀투성이가 되었다. 35명의 회원이 9개조로 나눠 15분마다 교대했다. 물기 많은 흙벽이 허물어질까 조심스러웠지만 파고 또 팠다. 도자기, 술병, 곰방대가 나왔으나 좀체 뼈는 나오지 않았다. 구덩이 밑바닥에선 물이 솟구치듯 올라와 이튿날 다른 곳을 파기로 하고 3시쯤에 되메우기에 들어갔다.

아침부터 모여들었던 사람들은 불볕더위에도 떠나지 않고 자

6 이 책의 '오충공' 편에 조인승의 삶이 나온다.

리를 지키며 삽질하던 회원이 나올 때마다 질문을 던졌다.

"뼈는 나왔는가?"

"여기가 아니라 둑 안을 파야 돼."

"3미터 깊이로는 안 돼."

"지금 하고 있는 일은 좋은 일이야."

"긴시쵸우(錦絲町)에서 피난 가던 길에 조선인을 둘러싸고 쇠봉과 통나무로 때려 죽였어."

다양한 현장증언이 나오고 격려금을 건네는 사람도 있었다. 니시자키는 문헌반이지만 '추도모임'의 막내격이어서 흙도 파고 현장에 온 증언자의 연락처도 적고, 전화 응대도 하면서 분주했다. 협박도 있었다. 어떤 전화에서는 남자 노인이 "너 조선 사람이야?"라고 물어 "일본 사람이다"라고 답하니 "왜 일본에 도움이 되지 않는 일을 하느냐"고 나무랐다. 이런 일은 한두 번이 아니었다. "6,000명이 죽었다는 근거가 무엇이냐?" "시베리아에서 죽은 우리 아버지는 어떻게 할 것이냐" 등등.

둘째 날은 태풍이 다가오면서 아침부터 날씨가 흐렸다. 첫날 발굴지점에서 강 쪽을 보고 왼쪽으로 팔 지점을 골랐다. 그런데 3.5미터를 넘게 팠을 때 비닐이나 나일론 양말 같은 게 나왔다. 이는 1945년 이후에 나온 소재이니 최소 4미터 이상을 파야 한다는 얘기였다. 이날도 흙바가지가 원하는 깊이에 다다르지 못해 회원들이 내려갔다. 깊이 파갈수록 흙벽이 계속 무너져 내렸고 양동이로 물을 퍼내도 강물은 바닥에서 솟구치듯 올라왔다. 합판을 바닥에 대면서 작업을 이어갔지만 2시부터는 비까지 내렸다. 할 수

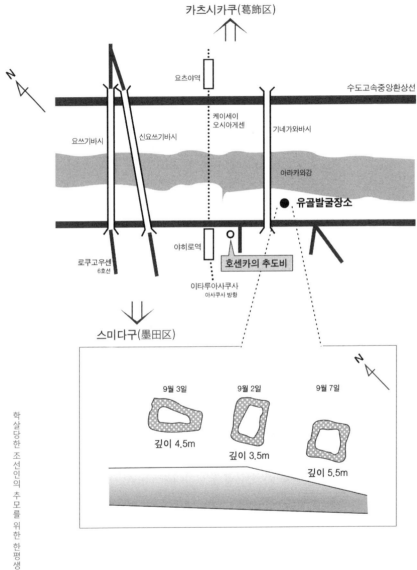

없이 3일째 발굴은 태풍이 물러간 다음에 하기로 하고 철수했다.

9월 7일 다시 작업을 했다. 첫 번째 발굴지점에서 이번에는 오른쪽으로 떨어진 곳을 겨냥했고 포크레인도 더 큰 것을 동원해 5.5미터를 목표로 파갔다. 깊어질수록 위험했다. 자칫 흙벽이 무너지면 회원이 흙더미에 깔릴 수 있기 때문이다. 5.2미터를 팠을 때야 비로소 1923년 당시 지표층에 이른 것 같았으나 뼈는 발견하지 못했다. 할 수 없이 꽃을 던지고 되메우기에 들어갔다. 기누타 유키에를 비롯 회원 모두는 실망감이 컸다. 니시자키도 간절한 마음으로 유골이 나오길 바랐지만 뜻이 이뤄지지 않아 속을 끓였다. 그는 발굴 현장을 찾아온 조선학교 학생의 간절한 눈빛을 잊을 수 없었다. "꼭 발굴해 주세요"라고 온몸으로 말하는 것 같았다.

3일에 걸친 발굴이 실패하고 '추도모임'은 고민이 깊었다. 건설성에선 2차 허가를 내주지 않을 것 같았다. 니시자키는 모임을 이끌고 있는 30~40대 회원들이 심각하게 논의하는 걸 묵묵히 지켜봤다.

다행이랄까? 발굴 작업이 성과를 거두지 못했던 중요한 이유 한 가지가 나중에 밝혀졌다. 60년이 지나 장소를 제대로 짚지 못했을 수도 있고, 여러 사람이 지목한 제방 밑을 파 보지 못한 점도 있겠지만, 경찰이 학살을 수습하면서 은폐 작업을 했던 게 신문기사를 통해 확인되었다. 바로 니시자키의 문헌반이 1983년 발굴한 "사체발굴의 괴행위"란 제목의 《고쿠민(國民)신문》 기사였다. 1923년 11월 14일자의 《호치(報知)신문》도 동일한 내용을 다루었는데 야마다 쇼지는 이 기사를 토대로 그의 책 『관동대지진 – 조선인 학살에 대한 일본 국가와 민중의 책임』(이하 『민중의 책임』)에서 경찰이 시체를 감추고 빼돌린 과정을 소상히 정리했다.

간토대지진 당시 일본의 관헌은 계엄령을 틈타 조선인만이 아니라 눈에 가시였던 저항세력도 공격 대상으로 삼았다. 9월 4일 밤부터 5일 새벽에 가메이도 경찰서에서 나라시노 기병연대의 병사들이 검속되어 있던 사회주의노동운동가 10여 명과 400명에 가까운 조선인을 살해했다.[7] 이때 검속 상태였던 일본인 자경단원 4명도 함께 죽었는데 자경단원과 노동운동가의 유족은 거세게 항의했다. 10월 10일이 되어서야 계엄당국은 살해한 사실은 인정하면서도 정당한 법집행이라고 주장했다. 10월 14일 가메이도 경찰서에서 유족 3명과 변호사 후세 다쓰지(布施辰治)[8]가 고모리(小森) 서장에게 유골만이라도 돌려달라고 요구했다.[9] 고모리는 조선인 사

7   이 책 '유족' 편에 가메이도 경찰서에서 조선인이 학살당한 장면이 자세히 정리되어 있다.

8   후세 다쓰지는 한국의 독립운동과 한국인의 인권을 위해 투쟁한 일본의 인권변호사. 1919년 2·8독립선언으로 인해 체포된 조선 유학생들의 변론을 시작으로, 제1·2차 조선공산당 사건, 한신 교육투쟁 사건 등 해방 전후 재일본 한국인과 관련된 사건의 변론을 도맡았으며, 1946년에 '조선건국 헌법초안'을 저술했다. 이 재조선동포위문반이 만들어졌을 때도 고문변호사였다.

9   1923년 11월 12일 일본의 노동총연맹 중앙위원회는 조선총독부 도쿄출장소에게 아라카와 강변의 유골 발굴시 조선인 유해 인수를 위해 입회를 요청했다. 그러나 출장소는 이를 거부했다. 이에 따라 일본인 유해만 발굴하기로 하고 독자 수습에 나선 것이다. 『학살의 기억』 206쪽.

체 등 100여 구를 함께 화장해 묻어서 누구의 유골인지 알 수 없다며 이를 거부했다. 유족은 자기들의 힘으로 11월 13일부터 수습에 나서겠다고 경찰에 알리고 현장에 입회해 줄 것을 요구했다. 경찰에게 예고한 날 오전 유족과 후세 다쓰지, 난카쓰노동회 회원, 그리고 조선인 정연규가 요쓰기바시 다리 근처에 도착하자 헌병과 정복 차림의 데라지마 경찰 스무 명, 그리고 사복경찰이 일행을 막아섰다. 경찰은 유족의 유골 수습을 막은 것만이 아니라 11월 13일 이전에 1차로 뼈를 빼돌렸고 11월 14일 오후에 경찰 19명을 인부로 꾸며 세 트럭분의 유골을 파내 어디론가 가져갔다.[10]

경찰은 이렇게 유골까지 빼돌리며 학살을 철저히 감춘 것이다. '추도모임'은 1983년 발견한 이 기사 이후 유골 발굴보다는 증언과 자료를 충실히 모으는 것으로 활동 방향을 조정한다.

증언을 조사하러 한국에 오다

'추도모임'은 1983년 들어 한국 방문 조사를 결정한다. 가해자 측

---

10 『민중의 책임』 203쪽부터 시작되는 '일본 국가의 조선인 유해 은폐 정책'의 내용을 짧게 요약했다. 나라시노기병 13연대의 병사들이 죽인 사회주의 성향의 노동운동가는 히라사와 게이시치(1889~1923), 가와이 요시토라(1902~1923)를 비롯한 10명이다.

에서 나온 경험담은 일본에서 충분히 들었으나 피해자 측의 증언은 조인승, 신창범[11] 등이 가까스로 살아남아 들려준 얘기 외에는 모으기가 쉽지 않았기 때문이다. 한국으로 가 학살을 보고 경험했던 사람의 얘기를 듣고 자료를 확보하고 싶었다. 마침 1982년에는 교과서 문제가 불거졌었다. 일본 문부성이 일본의 '침략'을 '진출'로, '탄압'을 '진압'으로 기술하도록 출판사에 지시한 것이 드러났기 때문이다. 이때 한국의 언론에서 일본의 침략범죄를 재조명하면서 간토대학살을 경험한 여러 사람의 증언도 소개했던 터라 이들을 만나고 싶었다.

1983년 8월 26일 니시자키 마사오는 시모지마 테쓰로(下嶋哲郞)와 함께 김포공항에 내렸다. 숙소는 종로구 운당여관의 홍실. 회원들이 비행기표 값과 경비를 모아주었다. 1차 한국 조사의 안내나 인터뷰 연결은 민속학자 심우성[12]이 도와주었다.

니시자키는 한국에서 함석헌, 동요 〈반달〉의 작곡가 윤극영, 1923년 당시 이재조선동포위문반[13]으로 피해 조사를 한 최승만,

---

11 이 책 110쪽에 신창범의 증언이 자세히 소개되어 있다.

12 이 책 '천승환' 편에 심우성이 지바현 간논지의 보화종루를 만드는 데 기여한 내용이 나온다

13 천도교간부 박사직과 YMCA총무 최승만 등이 도쿄조선유학생학우회, 천도교청년회, 기독교청년회 등과 함께 이재조선동포위문반을 만들어 피해를 조사했다. 처음엔 '재일조선동포 피학살진상조사회'라는 명칭을 내걸고 활동하려 했으나 경시청이 '학살'이라는 명칭을 문제삼아 허가를 하지 않았다. 결국 학살을 떼고 '위문'이라는 말을 앞세워 조사에 들어갔다. 재일조선동포 피학살자조사회, 조선인박해사실조사회, 도쿄지방 이재조선인구제회, 이재조선동포위문반 등 여

교육자 이성구 등을 만났다. 1차 조사는 9월 7일까지 이어졌는데 직접 경험한 사람의 얘기는 현장에 있는 느낌을 주었다. 나중에 한 성고등학교 교장을 한 이성구의 증언이다.

나는 1920년 도쿄에 가 제지공장의 공원도 하고 신문배달도 했다. 생활비는 벌었으나 공부할 시간을 낼 수 없었다. 인삼 행상을 하고서야 동경물리학교(현 도쿄대 이과대)에 들어갔다. 지진이 난 다음날, 이웃 사람이 "이 군, 조선인을 헐뜯고 있으니 밖에 나가지 마세요"라고 했으나 나는 아랑곳하지 않고 거리로 나섰다. 가는 도중에 길을 물었는데 누군가 "조선인이다"라고 외쳤고 오쓰카(大塚) 경찰서로 연행되었다. 경찰서에서 너무 맞아 허리를 다쳐 계단 하나도 오르지 못할 정도였다. 일주일이 지난 9월 9일이 되어서야 풀려났다. 집으로 돌아가다 이케부쿠로 부근에서 길을 물었다. "조선인이 간다"는 소리에 청년들이 쫓아왔고 파출소로 도망을 쳤다. 청년들과 경찰관은 나를 흠씬 팼고 오쓰카 경찰서에서 받은 감기약을 보더니 독약이라고 소리를 질렀다. 내가 이를 먹어 보이자 그제야 내보내 줬다. 조선에서는 물리나 수학을 배울 수 없어 졸업하는 1926년까지 참고 일본에 있었다. 인삼을 팔러 나가면 우물에 독을 넣고 나쁜 짓을 했으니 필요 없다고도 하고 미안하다며 사주기도

러 이름이 조선과 일본의 기록에 보인다. 모두 하나의 단체를 가리킨다고 보인다. 『재일조선인 단체사전 1895~1945』(재일조선인단체사전공동편찬위원회, 민족문제연구소) 776쪽 참조.

했다. 조선에 와서 학교 선생이 되었는데 뒤에서 학생이 뛰어오거나 소리가 들리면 자경단에게 쫓기던 기억 때문에 몸이 굳어진다.

니시자키는 이렇듯 면담을 통해 신문에 보도된 것보다 풍부한 증언을 모아 일본으로 돌아갔다. 그는 1923년에 만든 '안부조사표'도 구해 챙겨넣었다. 이 표는 《동아일보》가 1923년 9월 14일부터 여러 차례 조사해 만든 자료다. 《동아일보》는 편집장 이상협을 일본으로 파견해 피해를 조사했는데 교통과 통신이 마비된 지라 여의치 않았다. 그는 《도쿄니치니치(日日)신문》과 《호치신문》에 동포의 생사를 묻는 광고를 냈다. 이를 통해 연락해 오는 사람과 조선총독부 도쿄출장소에서 확보한 명단까지 참조해 안부조사표를 만들었다. 조선에서는 학살 사건이 알려지며 공기가 험악했다. 생사확인을 위해 가족이 일본으로 건너가는 것조차 막아 분노가 터져 나왔다. 그런 상황에서 나온 안부조사표였기에 큰 관심을 모았었다.

니시자키는 5,569명의 안부조사표를 가지고 돌아가 조선어를 배우는 학생의 도움을 받아 분류작업을 했다. 컴퓨터도 없는 시절이니 이름별로 하나하나 카드를 만들었다. 출신지를 알 수 없는 사람을 제외하니 5,160명, 이 중 경상남도가 3할, 경상북도가 2할, 전라남도가 1할을 차지했다. 이들의 이름 밑에는 대개 '노동'이라고 적혀 있었다.

니시자키는 1985년 다시 한국 땅을 밟는다. 1차 조사에서 만난 사람은 주로 유학생이었는데 안부조사표에서 보듯 대부분이 농민,

노동자이니 이들을 만나고 싶었다. 그때 만난 사람이 경남 사천군(현재는 사천시로 통합)의 윤수상이다. 니시자키는 여기서 대접받은 삼계탕 맛을 잊을 수 없었다고 한다. 윤수상의 증언 또한 생생하다.

나는 14살에 3·1운동에 참가했다. 보통학교 4학년으로 학교에서 친구들과 태극기를 들고 독립선언문을 낭독했다. 운동장을 뛰어다니며 독립만세를 외쳤다. 일본인 교장이 눈물을 흘리며 막았으나 이를 뿌리치고 거리로 나갔다. 출동한 군대에 잡혀 3주간 구류를 살았다. 이후 진주농업학교에 들어가 일본인 교장 배척운동을 하다 퇴학당한 나는 1923년 1월 일본으로 갔다. 시모노세키(下関)에서 도쿄까지 20시간 넘는 기찻길, 외로움을 달래려고 하모니카를 불었다. 시끄럽다고 핀잔을 들어 엉덩이에 하모니카를 감추었는데 그만 잊고 내렸다.

처음에는 요쓰야구에서 신문배달을 하다가 그후 혼조하야시초(本所林町)의 고학생기숙사에 들어가 낫토를 팔면서 연수학관에 다녔다. 신주쿠(新宿)의 신문보급소로 옮긴 것은 지진이 나기 일주일 전. 점주는 다케다 고쥬로(武田孝十郎)였다. 처음 겪는 지진에 정신없이 피난자의 대열에 끼어 야스쿠니신사로 갔다. 여진이 가라앉아 다케다의 집으로 돌아가는데 한 대의 차가 멈추더니 출신이 어디인가라고 물었다. 조선의 경상남도라고 하니 다짜고짜 가구라자카(神楽坂) 경찰서로 끌고 갔다. 이미 4,50명의 조선인이 잡혀 있었다. 다음 날 오전 11시 다케다 씨가 와서 신원 인수서를 썼다. 나는 5년 뒤 고향으로 돌아와, 동향 사람 9명이 희생된 것을 들었다. 이들은

니
시
자
키
마
사
오

오사카로 갔다가 일이 없어서 지진 나기 얼마 전 도쿄로 가 일자리를 찾아 떠돌다가 그만 화를 당했다.

니시자키는 참여하지 못했지만 '추도모임'의 조사는 1986년에 3차, 1989년에 4차로 이어진다. 더 많은 노동자와 농민의 증언을 듣기 위해서였다. 3차 조사 때는 재일조선인 유학생이 안내를 했는데 연고자를 찾는 일은 언제나 어려웠다. 그래서 지방에 가 읍 터미널에 내리면 약국으로 들어간다. 약사는 학력이 높고 약국이 동네 사랑방 노릇을 하기 때문이다. 들어가 취지를 설명하면 약사는 고개를 끄덕이고 여기저기 전화를 돌렸다. 약사의 안내대로 물어물어 가면 나중에 순경이 쫓아오기도 했다. 당시 한국은 버스 안이나 대합실, 논 한가운데에도 '간첩신고는 113'이란 표어가 붙어 있던 때였다.

이렇게 한국과 일본을 넘나들며 모은 자료와 증언을 가지고 '추도모임'은 1992년에 『바람아 봉선화의 노래를 전해다오(風よ鳳仙花の歌をはこべ)』라는 책을 냈다. 기누타 유키에, 오치아이 히로오(落合博男), 야노 교코(矢野恭子), 구와야마 슈헤이가 함께 펴냈다. 책 제목에 '봉선화'가 들어간 것은 1988년 추도식 때 조선인 여성 한 명이 어린 봉선화 나무를 가지고 와, 강변에 심은 게 계기였다. "울 밑에선 봉선화야, 네 모양이 처량하다"로 시작하는 이 노래는 재일조선인이 사랑한 노래였다.[14] 그 후 추모제 때마다 봉선화 씨

14 〈봉선화〉는 친일인명사전에 등재된 홍난파의 작품이다. 니시자키와 '추도모임'은

추모모임에서 펴낸 『바람아 봉선화의 노래를 전해다오』 표지 사진.

를 아라카와 강변에 넓게 뿌렸고 이 꽃은 풍성하게 자랐다. 마치 둔치에 묻힌 영령이 꽃으로 피어나는 듯했다. 그런 이유로 책 제목에 봉선화를 넣었다. 이 책에는 앞서 이성구나 윤수상의 증언 외에도 학살에서 돌아온 또 다른 사람의 이야기가 담겼다.

선산군(현재는 구미시로 통합)에서 갔던 사람 44명 중 메구로(目黒) 수용소에 잡혀 있던 31명이 돌아왔다. 이 수용소에는 스가모(巢鴨), 센주(千住) 경찰서로 연행된 사람이 수용됐었다. 돌아온 사람은 이성덕, 이성기, 김원국, 김기병, 임안출, 박돌석 등이고 친족이며 사촌간이었다. 김원국의 동생 말에 의하면 형은 21세에 갔는데, 당시 해평면에 흉작이 들어 먹고 사는 게 막막했다. 일본에 가면 돈을 벌 수 있다고 해서 한 집에 한 명꼴로 갔다. 밀항도 하고 함바집에서 일을 거든 사람도 있다. 주로 시모노세키, 오사카, 도쿄로 갔다. 지진 소식이 해평면에 전해졌을 때 모두 걱정하며 울었는데 다행히 다친 사람이 없었다.

이성덕은 도쿄에 2~3번 갔는데 메구로 수용소에서 돌아왔을 때 형사가 불만을 늘어놓는지 수시로 감시했다. 그러면서 일본에 대한 비판이나 학살 이야기를 하면 다음부터 도항증명서를 내주지 않음은 물론 잡혀갈 거라고 했다. 그런데 이성덕은 학살을 경험하고도 일본으로 다시 갔다. 조선에선 농사로 먹고살 수가 없었기 때문이다.

이를 알고 있으나 자이니치의 한과 슬픔을 위로해 준 노래여서 그 의미를 살리고자 했다.

끔찍했던 학살 현장에서 살아왔건만 그 불구덩이로 다시 들어갈 수밖에 없었던 이성덕. 동양척식주식회사나 일본인 지주에게 소작료로 5할 이상을, 그리고 농지세에 수리조합비까지 더하면 거의 8,9할을 빼앗기고 그마저도 언제 소작을 떼일지 모르는 처지였으니 그 선택이 가슴 아리다. 이 책에는 이렇게 소중한 기록이 담겼다. 한국의 역사학계, 언론계가 했어야 하는데 '추도모임'이 이를 앞서서 하고 책까지 펴냈으니 고맙고 부끄러울 뿐이다.

니시자키는 1986년과 1989년의 3,4차 한국 조사에는 합류하지 못했다. 책 초판의 집필에도 참여하지 못했다. 1985년에 중학교 영어교사로 발령을 받은 데다가 주말특별활동인 축구교실의 지도까지 맡았던 탓이다. 초임 교사로서 부담도 있고 이런저런 잡무에 주말특활까지 챙기느라 정신이 없었다. 자연 '추도모임'의 문헌반 활동을 하기 어려웠고 한국 조사를 다녀오긴 더더욱 힘들었다. 니시자키는 한동안 '추도모임'과 거리를 두게 된다. 늘 마음에 두었다가 다시 돌아온 건 1992년, 교사 생활이 조금 자리를 잡아 일과 후나 주말에 시간을 낼 수 있게 되면서부터다.

추도비를 세우고 지키다

니시자키가 '추도모임'으로 돌아왔을 때 새로운 사업으로 추도비 건립이 논의되었다. 이미 1991년에 히가시코마가타교회 아메미야 에이이치(雨宮栄一) 목사, 정심사 주지 노무라 모리히코(野村盛彦)

등이 제안한 터였다. 아메미야는 1991년 추도식에서 "기억은 계속 희미해지나 추도비는 어떤 풍파에도 남아서 조선인의 슬픔과 일본인의 죄를 기억한다. 이런 상징물이 들어서면 추도식 때만이 아니라 언제든지 찾아와 의미를 새길 수 있지 않겠냐"며 호소했다.

회원들은 추도비를 아라카와 강가에 세우고 싶었다. 니시자키는 건설성과 교섭에 나섰다. 건설성은 하천법을 들어 이 요청을 거부했다. 하천법에 따르면 둔치나 강둑에 시설물을 만들 수 없다. 큰비가 내릴 때 시설물이 자칫 강물의 흐름을 막아 범람할까 봐 만들어진 조항이었다. 다만 스미다구와 같은 공공기관이 보증하면 검토해 볼 수 있다고 여지를 남겼다. '추도모임'은 2000년, 관할 지자체인 스미다(墨田) 구의회에 '조선인 순난자 추도 사업'에 관한 진정을 냈다. 스미다구에선 "학살이 있었다고 단정하기 어렵다, 많은 구민에게 이익이 되어야 하는데 공익성이 높지 않은 것 같다"라는 입장을 밝혔다. 구의회에서 표결까지 갔으나 안타깝게도 채택되지 못했다.

결국 '추도모임'은 둔치를 포기하고 스미다구 차원의 공식 건립도 포기했다. 아라카와 강둑 밑 주택가나 야히로(八広)역 일대에 땅을 구해 스스로의 힘으로 세우기로 방침을 정한다. 이때 니시자키는 교사직을 그만두기로 마음먹는다. 추도비를 세우는 게 워낙 큰 사업인데 누군가 매달려야 이 과제를 이뤄 낼 것 같았다. 사무국을 두어 상근활동가에게 월급을 줄 수도 없는 처지. 주변에서 말렸으나 그는 결심했다. 생활은 10년 가까이 교사를 하면서 모은 돈을 조금씩 헐어서 하면 못할 것도 없었다. 부모님은 돌아가셨고 결혼도 하지 않아 돌봐야 할 가족도 없었다. 한동안 '추도모임'을 떠나 있던 것도 마음의 빚이었다.

니시자키의 마음과 '추도모임'의 정성이 통해서인가. 추도비를 세울 수 있는 터가 나왔다. 해마다 추도식 후에 뒷풀이 장소였던 선술집 주인이 '추도모임'의 뜻을 헤아려 자기 집을 팔겠다고 나섰다. 마침 술집 옆에는 열다섯 평 정도 되는 빈 땅도 있었다.[15] 이 땅에는 추도비를 세우고 술집은 조금 손질해서 자료관으로 쓰면 될 터, 위치도 강둑 바로 아래여서 추도식장과는 2차선 제방도로만 건너면 되니 더할 나위 없이 좋았다. 문제는 비용. 명색이 도쿄이고, 야히로역에서 5분 거리에 있는 땅과 주택이니 무시 못할 금액이었다. 조사해 보니 추도비를 세우는 데만 7,000만 원정도가 필요했다. 다행히 땅과 주택을 살 돈은 뜻있는 사람이 큰돈을 기부해줬고 추도비 건립비용은 회원들과 시민의 기부금으로 해결했다.

2009년 9월 드디어 도쿄도 스미다구 야히로 6-31-8에 추도비를 세웠다. 옆에는 10평 안팎의 조그만 자료관까지 열었다. 추도비 뒤쪽 담에는 무궁화를 심었고 양옆으로는 에워싸듯 여러 그루의 봉선화를 심었다. 철쭉도 빼놓지 않았고 금귤, 수국, 남초목, 조팝나무까지 심어 꽃동산이 되길 바랬다. 추도비의 '도(悼)'자는

---

15 선술집 주인은 자신이 빈 땅을 먼저 사서 추도모임에 이를 되팔았다. 자칫 빈 땅의 주인이 추도비 건립 계획을 알면 땅을 안 팔 수도 있기에 본인이 대신 땅을 구입한 것이다.

'추도모임'이 세운 추도비.

호센카[16]의 대표이사 오치아이 히로오가 글씨를 썼고 추도비에 들어갈 비문은 회원 모두가 돌아가며 읽고 마음을 담아 확정했다.

1923년 간토대지진 때 일본 군대, 경찰 그리고 유언비어를 믿은 민중에 의하여 많은 한국·조선인이 살해당했다. 도쿄 시타마치[17] 일대에서도 식민지 지배의 고향을 떠나 일본에 건너 온 사람들의 귀한 목숨이 이름도 알려지지 않은 채 빼앗겼다. 이 역사를 마음에 새겨 희생자를 추도하면서 인권 회복과 양 민족의 화해를 위하여 이 비를 건립한다.

벅찬 감동 속에 추도비 제막식을 하고 600명이 참석한 기념 콘서트도 열었다. 문제는 추도비의 관리였다. 혹시 극우단체의 공격이 있지 않을까 걱정되었다. 다시 스미다구의 문을 두드렸다. 지자체 차원에서 공식 관리를 해 달라고 요청했다. 이는 "일본 정부와 지방자치단체가 역사에 책임을 지라"는 촉구이기도 했다. 스미다구 쪽은 (조선인 학살에 대한) "증거 자료가 없다"며 추도비를 관리해 달라는 요구마저 거부했다.

결국 니시자키는 추도비를 지키기 위해 살던 집을 나와 자료관에서 먹고 자기로 했다. '시묘살이'를 하기로 작정한 것이다. 자

---

16 '추모모임'은 추모비 유지관리를 위해 사단법인 호센카를 별도로 발족했다. 호센카는 봉선화의 일본어 발음이다.

17 시타마치란 서민층 구역을 말한다.

료관은 선술집 건물이어서 난방도 시원찮고 잠자리도 불편하다. 니시자키는 기꺼이 감수했다. 다만 손빨래까지 하긴 어려워 세탁기는 들여 놓았다.

니시자키는 추도비 관리를 하면서도 스미다구가 공식 관리하는 방안을 찾기 위해 고심했다. 마침《한겨레》도쿄 특파원이었던 김효순 기자가 다리를 놔 줘 니시자키는 2012년 회원들과 함께 문석진 서대문구 구청장을 만났다. 서대문구가 스미다구와 자매결연 관계이니 '스미다구에 추도비 관리를 요청해 달라'고 부탁했다. 문석진은 양 구청이 문화교류와 친선을 위해 자매결연을 맺었는데 추도비 관리는 민감한 문제이나 청해 보겠다고 답했다. 아쉽게도 스미다구의 변화는 없었다.

그는 추도비 옆에서 7년여를 먹고 자다 2014년 12월 시묘살이를 끝냈다. 극우단체의 공격이 한 차례도 없었기 때문이다. 이 기간 도쿄의 신오쿠보에서 혐한 시위가 일어나고 2011년 동일본대지진 때는 SNS에서 간토대지진 때처럼 "조선인을 조심하라"는 유언비어가 퍼져 걱정이 많았으나 별 탈이 없었다. 문제는 그동안 니시자키의 건강이 많이 안 좋아진 점이다. 50대에 접어든 중년 남자가 자료관에서 혼자 끼니와 잠자리를 해결하면서 스스로를 잘 챙기지 못한 탓이다. 식비를 아낀다고 편의점 도시락조차 안 사 먹고 스스로 해 먹었는데 빵으로 샌드위치를 만드는 게 고작이었다. 이렇게 자기 몸을 돌보지 않았으니 유전력으로 고생하던 녹내장에 백내장이 겹치고 2014년에는 급성심근경색까지 앓아 한때 위험에 빠졌었다.

『간토대진재 조선인 학살의 기록』을 펴내고

그렇게 몸을 돌보지 않고 자료관에서 먹고 자며 니시자키가 새롭게 시작한 것이『간토대진재 조선인 학살의 기록 – 도쿄지구별 1,100가지 증언』이란 책을 펴내는 작업이었다. 추도비가 세워지니 이곳은 꼭 들려야 하는 역사탐방 장소가 되었다. 그는 자료관에서 많은 사람을 만났다. 소중한 얘기를 나누고 놓칠 수 없는 증언도 접했다. 이때 니시자키의 머리에 떠오른 게 '문자로 남겨진 모든 증언'을 모아 보자는 것이었다. 사이타마나 지바, 가나가와현까지 아우르지는 못해도 도쿄와 관련된 기록을 모두 모아 책으로 만들었으면 하는 바람이었다.

그는 도쿄에 있는 23개 구의 모든 도서관을 샅샅이 돌았다. 자서전, 일기가 중요했다. 특히 어린이가 남긴 글에는 생생함이 있고 왜곡이 없었다. 복사를 뜨고 자료관에 돌아와서 타이프를 쳤다. 1982~1983년까지 문헌반 활동을 할 때 야마다 쇼지 선생에게 배운 가르침이 있다. 역사는 추측으로 말하는 것이 아니라 사료를 꼼꼼히 따져 봐야 결론에 도달할 수 있다는 것. 사료를 끈질기게 쌓아 가는 야마다의 자세를 떠올리며 이 작업을 했다. 녹내장으로 고생하며 4~5년이 걸려 2016년에 현대서관에서 두툼한 책으로 나왔다.[18]

---

18 이 책은 먼저 세 권의 작은 책자로 나왔다. 1)『간토대진재시 조선인 학살 사건 도쿄 시타마치 필드워크 자료(関東大震災時 朝鮮人虐殺事件 東京下町 フィールドワーク資料)』,

지금 아라카와역(현 야히로역) 남쪽에 있는 온천지(溫泉池)라는 큰 연못이 있었어요. 헤엄도 칠 수 있는 연못이었고요. 쫓기던 조선인 7,8명이 거기에 뛰어들어 갔는데 자경단이 총을 가지고 쐈단 말이에요. 그쪽에 가면 그쪽에서 이쪽에 오면 이쪽에서 쏘고 마침내 죽여 버렸습니다.

그건 3일날 점심 때였지 아라카와 요쓰기바시 다리 하류에서 조선인을 몇 명이나 묶어 데려와 자경단 사람들이 죽인 것은 너무나 잔인한 방법이었어요. 일본도로 자르거나 죽창으로 찌르거나 철로 된 봉으로 찔러 죽였어요. 여성 중에는 배가 부른 사람도 있었는데 찔러 죽였어요. 죽이고 나서는 소나무 장작을 가져와서 쌓아, 시체를 놓아서 석유를 뿌려 태웠습니다.

이 책에는 이 같은 증언이 1,100개나 실렸다. 걱정도 많았다. 100년 전 일이고, 부끄러운 과거를 파헤치는 어두운 글인데 사람들이 책을 사 볼까? 뜻밖에도 2023년 현재 초판이 거의 다 나갔고 2020년 8월에는 보급판도 찍었다.

2) 『간토대진재시 조선인 학살 사건 도쿄 필드워크 자료(関東大震災時 朝鮮人虐殺事件 東京フィールドワーク資料)』(시타마치 이외 지역), 3) 『간토대진재시 조선인 관련 유언비어 도쿄증언집(関東大震災時 朝鮮人関連「流言蜚語」東京証言集)』.

아라카와 강변에서 해설하는 니시자키 마사오.

100주기를 맞으며

조선인 대학살 100주기인 9월 1일을 앞두고 요즘 니시자키의 하루하루는 바쁘다. 강연과 인터뷰, 현장설명 등 할 일이 많다. 그는 '간토대지진 조선인 학살 사건의 국가책임을 묻는 모임'(이하 '묻는 모임')[19]의 운영위원이면서 '간토대지진 조선인·중국인 학살 100년 희생자 추모대회 실행위원회'에서도 역할을 맡고 있기에 회의에 자주 가야 한다.

그는 100주년은 특별하지만 일본 정부의 태도가 바뀌지 않을 것이기에 100주년을 넘어 이 활동이 계속되어야 한다고 생각한다. '추도모임'의 이사 신민자 씨가 말하듯, "죽이지 말자, 죽임을 당하지 말자, 죽이게 하지 말자"가 중요하다고 생각한다. 재일조선인인 한 회원도 비슷한 말을 했다. 나와 내 아이, 내 손자가 죽으면 안 되기 때문에 나는 이 일을 한다고. 이것은 기누타 유키에가 '추도모임'을 만들면서 했던 얘기와 통한다. 그는 "단 한 명이라도 열정이 있으면 운동을 만들 수 있다"며 "어떤 경우에도 이런 일이 다시 일어나게 해서는 안 된다"고 호소했었다.[20]

---

19 2010년 9월 24일 일본 각지에서 조선인 학살 사건의 조사와 희생자 추도를 해 온 사람들이 모여 결성했다.

20 1930년생인 기누타는 2008년 2월 추도비의 완성을 보지 못하고 폐렴으로 향년 77세에 세상을 떠났다. 그가 일생을 바친 또 하나의 주제인 아라카와 방수로에 대한 연구는 『아라카와 방수로 이야기』라는 책으로 나왔고 1991년 토목학회출판문화상을 수상했다.

다행이라면 '추도모임'에 젊은 세대가 모이는 것이다. 학살 현장을 돌아보는 답사에 참가했던 청년 학생이 회원으로 가입하고 있다. 이번 100주기 행사는 이렇게 모인 젊은 세대가 실무를 맡기로 했다. 기쁘고 고마운 일이다. 니시자키는 증언을 직접 들은 세대로서 '기억을 이어 주는' 노릇에 자기 자리가 있다고 생각한다.

니시자키는 시묘살이를 끝냈을 때 지바현 이치카와시에 전셋집을 얻었다. 가족은 고양이 열네 마리. 아침이면 한 녀석씩 이마를 어루만져 주고 집을 나온다. 자기에게 들어가는 식비보다 녀석들의 사료값이 더 들어 통장에서 돈 빠져나가는 소리가 요란하다. 하지만 60대 중반의 남자가 고독한 마음을 달래기에 이보다 더한 친구가 있을까? 한 마리로 시작한 동거, 고놈이 계속 친구를 데려왔고 마음 약한 니시자키는 이를 내치지 못했을 터이다.

니시자키는 외부 일정이 없으면 늦은 저녁에 자료관 문을 닫는다. 추도비에 걸쳐 있던 노을 끝자락도 자취를 감추고 골목길에 어둠이 내릴 때다. 그는 작은 오토바이에 시동을 건다. 40분을 가야 하는 길, 오늘 저녁은 뭘 먹을까? 편의점에서 도시락을 사갈까? 끼니 생각만 하면 머릿속이 복잡하다. 그러고 보니 야옹이 녀석들 사료도 떨어졌을 것 같다. 그는 오토바이의 출발을 재촉했다. 니시자키가 떠난 자리. 그새 어둠은 짙어진다. 둑길 너머 아라카와에서 신음인지 읊조림인지 알 수 없는 물결 소리가 커지고 추도비를 지키는 봉선화는 붉은 핏빛을 토해 낸다.

자경단은 어떤 조직이었나

자경단을 사전에서 찾아 보면 "지역 주민들이 도난이나 화재 따위의 재난에 대비하고 스스로를 지키기 위한 조직"이라고 뜻풀이를 하고 있다. 조선인 대학살에서 군경과 함께 살인을 주도한 자경단을 과연 이렇게 이해해도 될까? 천만의 말씀이다. 당시의 자경단은 계엄당국의 지시와 통제 아래서 움직인 민간경찰, 준군사조직으로 이해해야 한다. 이 점이 간토 조선인 대학살의 비극을 이해하는 한 열쇠이다.

내무성의 조사에 따르면 자경단은 도쿄 1,593곳, 가나가와 603곳, 지바 366곳, 사이타마 300곳, 군마 469곳, 도치기 19곳 등 모두 3,689개소에서 만들어졌다. 짧은 시기에 간토 일원에서 이렇게 대규모로 급속히 만들어질 수 있었던 것은 야마모토 곤베에 내각과 계엄당국의 필요 때문이었다. 대지진으로 일어난 불만을 조선인에게 돌리려면 민중 내에서 손발을 맞출 수 있는 조직이 필요했다. 또 도쿄에서는 63개의 경찰서 중 25개가 불에 타거나 무너졌고 경시청마저 불길에 휩싸였다. 지진 피해가 극심했던 요코하마도 사정은 비슷했다. 경찰 내에서도 이재민이 많이 발생한 상태에서 이를 보완할 인력이 절실했다. 이런 사정 때문에 내각과 계엄당국은 자경단 결성을 독려하고 무기를 공급했다.

자경단 결성에 적극 부응한 것은 재향군인회였다. 이외에도 청년단, 소방단이 결합했지만 핵심은 재향군인회 조직이었다. 실제로 계엄사령부는 재향군인회장에게 "군대 교육의 진가를 발휘하고 계엄사령관의 분담에 따라 출동 군대에 협력하도록 하십시오"라는 협조 의뢰를 한다. 이들은 계엄군과 함께 군사 작전에 쉽게 나설 수 있었다. 또 이들은 갑오농민전쟁과 의병전쟁, 가까이로는 3·1운동과 간도 사변에서 조선인을 적으로 상대한 경험이 있었다. 이렇듯 자경단은 조선인을 탄압하는 데 앞장선 재향군인이 중핵이었기에 기본적으로 조선인에 대한 적개심과 증오심을 갖고 있었다.

자경단의 성격이 더욱 잔혹하게 된 데는 극우단체의 결합도 한몫을 했다. 자경단에는 고쿠류가이(黑龍會)와 고쿠스이카이(國粹會)의 회원이 대거 참여했는데 고쿠류가이는 우치다 료헤이(內田良平)가 주도하여 창립한 극우단체로 대아시아주의를 표방했다. 이들이 일본도를 차고 자경단에 합류해 잔혹한 살해를 주도했다.

사이타마현 구마가야시에서 벌어진 자경단의 학살을 연구한 야마기시 시게로는 이렇게 말했다. "자신을 지킨다는 의미의 자경이라고는 조금도 찾아볼 수 없었다. 자경단원 중에는 자경을 넘어서, 학살과 조선인 학대를 즐기는 자들이 생겨났다. 상대인 조선인이 위험하지 않다는 것을 분명히 알고 있으면서도 폭력을 휘두르며 스스로의 스트레스를 발산시키는 순전히 약자를 겨냥한 가혹 행위였다. 대상은 자신을 공격할 수 있는 자가 아니라 자신보다 약한 자여야만 한다. 그런 약자라면 누구든지 상관없이 공격 대상으로 삼는다는 것이다."[21]

누가 자경단에게 살인 면허를 내 주었을까? 바로 야마모토 곤베에 내각과 계엄당국이었다.

---

21 『9월, 도쿄의 거리에서』(가토 나오키, 서울리다리티 옮김, 갈무리) 111~113쪽에서 발췌 인용.

영상으로 기록된
피맺힌 증언과 참상

오충공

영상에는 참혹한 살육 장면이 생생하게 증언된다.
일본인이 글로 남긴 수기와 회상은 많았지만 학살에 관해
자기 얼굴을 드러내고 말한 경우는 처음이었다.
그래서 이 다큐는 역사에 남을 작품이 되었다.

2023년 3월 10일 서울 명동성당 코스트홀에서 제25회 지학순정의평화상 시상식이 있었다. 이날 수상자는 재일동포 다큐멘터리 감독 오충공이었다.

지학순 주교는 박정희 정권하에서 '유신헌법 무효'라는 양심선언을 하며 저항하다 1974년 7월에 긴급조치 1호와 4호 위반으로 구속되었다. 그는 징역 15년이라는 중형을 선고받았고 교회 안팎은 큰 충격을 받았다. 하지만 지학순의 희생은 천주교 정의구현사제단이 탄생하는 밑거름이 되었고 반독재 민주화운동의 불씨가 되었다. 이듬해 형 집행정지로 풀려난 지학순은 국제사면위원회 한국위원장, 한국노동교육협의회 회장을 맡아 민주화를 위해 끊임없이 노력했다. 이런 그의 삶을 기려 만든 지학순정의평화상은 국제인권상답게 1997년 제1회 민주노총을 시작으로 2011년 캄보디아 지뢰금지운동, 2019년 김복동과 정의기억연대 등 굵은 발자취를 남긴 단체와 인사가 상을 받았다.

오충공 감독은 다큐멘터리를 통해, 조선인 대학살의 진실을 밝힌 점이 높이 평가되어 2023년의 수상자가 되었다. 특히 올해는 간토대지진 100주년이고 그의 세 번째 작품 〈1923 제노사이드, 조선인 학살 100년의 역사 부정〉(가제)이 개봉될 예정이어서 수상의 의미는 더욱 컸다.

오 감독은 감사 인사에서 "새로운 작품에 대한 격려로 받아들인다"며 "일본에서 수십 년씩 조선인 대학살의 진상을 밝히기 위해 시민운동을 해 온 사람들과 이 기쁨을 나누고 싶다"고 말했다. 1983년에 발표된 오충공의 첫 번째 작품 〈감춰진 손톱자국〉은

간토 조선인 학살의 진실을 밝혀 온 공로를 인정받아
지학순정의평화상을 수상한 오충공 감독.

아라카와의 유골 발굴 현장에서 시작한다.[1] 기누타 유키에가 만든 '조선인의 유골을 발굴하여 추도하는 모임'은 1982년 9월 1일 추도 집회와 준비작업을 하고 9월 2일 발굴의 첫 삽을 뜬다. 하지만 3일에 걸친 발굴은 실패로 끝났다. 시간이 충분하다면, 여러 장소를 파 보았다면 일본 정부의 은폐작업에도 불구하고 유골을 조금이나마 찾을 수 있었겠지만 허가받은 시간은 단 3일. 마지막 날 아쉬움이 가득한 채 땅은 메워졌고 들끓었던 관심은 사위어질 뻔했다.[2]

이때 아라카와 강변에 청년 오충공이 있었다. 대학에서 정치경제학을 공부하던 그는 전공이 마음에 들지 않아 고민이 컸다. 역사와 문학을 좋아한 오충공은 학교를 중퇴하고 출판사에서 책 만드는 일을 했다. 이후 영화로 눈을 돌려 재일조선인 원자폭탄 피폭자의 이야기를 다룬 〈세상 사람들〉 제작에 조감독으로 참여했다. 오충공은 영화를 제대로 공부하려고 이마무라 쇼헤이(今村昌平)가 만든 요코하마 방송전문학교(현 일본영화대학)의 다큐멘터리학과에 들어간다. 〈나라야마 부시코〉로 칸 영화제 대상을 받은 이마무라 쇼헤이는 일본의 젊은 영화학도들이 스승으로 모시고 싶어하는 감독이었다.

---

1 1998년 부산국제영화제 초대작으로 국내에서 상영될 때 제목은 〈숨겨진 손톱자국〉이었다. 2016년부터 이 영화의 국내 상영 운동을 할 때 배급사 미디어세림(대표 신채원)과 오충공 감독은 '숨겨진'보다는 '감춰진'이 조금 더 주체성을 담고 있다고 판단 〈감춰진 손톱자국〉으로 제목을 수정했다고 한다. 「관동대지진 조선인 학살 사건의 기억과 수용」(신채원의 성공회대 석사학위논문, 2021)

2 발굴에 관한 자세한 과정은 이 책 '니시자키 마사오' 편을 참조하라.

역사적 다큐, <감춰진 손톱자국>을 세상에 선보이다

오충공이 졸업작품을 준비할 때였다. 한 일본인 친구가 작가 요시무라 아키라(吉村昭)가 쓴 『간토대진재』를 보고 이를 작품으로 만들자고 제안했다. 뚜렷한 기획서가 있는 건 아니고 팀을 꾸려 작업을 해 보자는 수준이었다. 그때 '아라카와의 유해발굴'에 관한 뉴스가 들려왔다. 오충공은 졸업작품으로 승인도 받지 않은 상태에서 학교에서 촬영 장비를 빌려 일본인 학우와 현장으로 달려갔다. 그는 발굴 모습을 영상에 담으면서 때로는 삽까지 들고 땅을 팠다. 유골이 나타나지 않으니 난감하고 막막했다. 하지만 오충공은 아라카와 강변에서 학살을 목격한 일본인 그리고 현장에서 살아남은 재일동포 1세 조인승을 만나게 된다. 오충공은 이들의 증언을 영상에 담아 조선인 대학살을 다룬 최초의 다큐멘터리 〈감춰진 손톱자국〉을 1983년에 선보였다.

> "다리 밑에서 제방을 봤더니 하천 옆, 둑 경사면에 참살당한 조선인들의 시체가 뒹굴고 있었지. 여섯 일곱 명 있었던가 모두 뿔뿔이 흩어져서 누워 있었지. 얼핏 봐도 노동자처럼 보였어. 아이는 없었는데 30살에서 40살 정도로 보이는 사람들. 여자도 한 명 있었어. 많이 저항한 모양으로 손이 잘려 있었는데 잘린 단면이 보였지."
>
> ─당시 부친과 수레를 끌고 나리히라에서 아라카와로 향하고 있던 시마가와 씨

> "여섯 일곱 명이 거의 발가벗겨져서 뒤로 이렇게 묶여서 줄줄이 끌

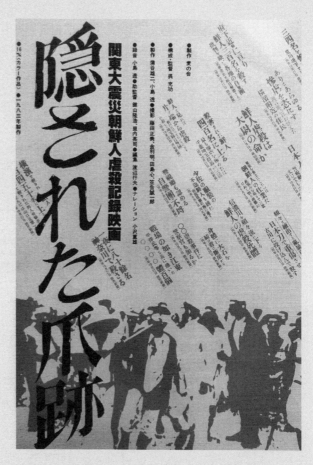

오충공의 <감춰진 손톱자국> 포스터.
오충공의 다큐 작업 덕분에 조선인 학살의 증언이
영상으로 남을 수 있게 됐다.

려 왔어요. 앞뒤로 작업복을 입은 자들이 줄을 잡고 있었는데 석탄이 타고 있는 불구덩이 쪽으로 와서 멈췄어. 그리고는 한 사람씩 한 사람은 몸체를 잡고 한 사람은 다리를 잡고는 이런 식으로 타고 있는 불 속에 (산 사람을) 던져 넣었어요. 나도 어렸을 때라 차마 제대로 볼 수가 없었어.”

—지금도 꿈에 나타난다며, 다카세 요시오

영상에는 참혹한 살육 장면이 생생하게 증언된다. 일본인이 글로 남긴 수기와 회상은 많았지만 학살에 관해 자기 얼굴을 드러내고 말한 경우는 처음이었다. 그래서 이 다큐는 역사에 남을 작품이 되었다. 물론 쉬운 작업은 아니었다. 이 다큐를 찍을 때 오충공은 스물일곱, 증언자는 대부분 80대 안팎으로 할아버지와 손주뻘이었다. 또 일본인과 조선인이라는 거리도 있었다. 오충공은 이를 넘어서기 위해 노력했다. 카메라 없이 찾아가 이런저런 얘기도 나누고 같이 목욕탕도 가고 게이트볼도 쳤다. 그렇게 한 걸음 한 걸음 마음의 문을 열어 '들었다'가 '보았다'로 바뀌는 증언을 담아냈다. 재일사학자 강덕상은 이 작품을 평하며 "노심초사했을 오충공의 마음이 느껴졌다"라고 말했다.

피맺힌 증언을 담다

한편 〈감춰진 손톱자국〉에선 조인승의 피맺힌 체험이 복원된다.

조인승은 학살 당시 스물두 살로, 경남 거창의 가난한 농가에서 태어나 머슴살이를 했다. 어머니는 중풍으로, 아버지는 뇌출혈로 여읜 그는 흰쌀밥을 먹을 수 있다는 얘기에 일본으로 간다. 사촌형과 도쿄 오시아게에 둥지를 튼 조인승은 막노동을 하다 학살의 구덩이에 빠진다. 지진이 난 9월 1일 밤, 그는 난리를 피해 요쓰기바시 다리를 건너 도쿄 도심 반대편 아라카와 제방으로 갔다.[3] 거기서 소방대원한테 붙잡혀 동포 15명과 함께 새끼줄로 묶인 채 강변에서 밤을 지새운다. 다음 날 아침 그는 소방대원에 이끌려 다시 다리를 건너 도심 쪽에 있는 데라지마 경찰서로 연행되어 간다.[4]

"다리를 건너는데 형처럼 보이는 시체가 있어 확 뛰쳐나갔지. 도망친다고 낫으로 다리를 찍었어. 다리를 다 건넜을 때 우리 일행 중 3명을 나오라고 하더니 소방대원인지 뭔지가 때려 죽였어. 산 사람을 쳐 죽이니까. 발버둥을 치고 너무 처참했지."

1일 밤에서 2일 아침 사이에 그는 참혹한 경험을 한 것이다. 이유도 없이 붙잡혔고 거리 곳곳에 널려 있는 동포의 시체에 부들부

---

3   에도가와구의 고마쓰가와 경찰서에 의하면 화재를 피해 아라카와 제방으로 피난 온 사람들이 15만 명이었다고 한다. 『9월, 도쿄의 거리에서』 43쪽.

4   여기서 말하는 소방대원에 대해 『9월, 도쿄의 거리에서』의 옮긴이는 42쪽에서 "지방자치체가 관할하는 소방 조직으로 정확히는 소방조(消防組)"라고 불렸으며 "경찰 조직 아래 상설되어 있던 소방대와는 달리 일반인으로 구성되어 있었다"고 전하고 있다. 이 설명에 따르면 관의 지원과 통제를 받는 민간조직으로 보인다.

오충공

들 떨었다. 경찰서로 끌려가는 길 내내 그는 무서움에 진저리쳤다.

"나는 한가운데 몸을 웅크리고 걸었지. 옆으로 가면 머리를 맞으니까. 여자든 아이든 상관없어. 빈손이 아냐. 망치든 칼이든 손에 들고 이 사람이 아니어도 옆 사람이 죽이고 옆에 있는 일본인이 죽이지 말라고 해도 모두 하나가 되어 죽이는 거야."

가까스로 도착한 데라지마 경찰서에서도 그는 보호받지 못했다. 2일 밤 경찰서 마당에서 잘 때 갑자기 자경단이 몰려오는 듯한 소리에 350명 가까운 조선인이 깨어나 이리저리 도망쳤다. 모두 경찰에게 붙잡히고 일부는 죽임을 당했다. 경찰서 구내도 지옥인 건 마찬가지였다. 겨우 목숨을 건진 조인승은 9월 14일이 되어서야 30킬로미터 가까이 떨어진 지바의 나라시노 수용소[5]로 가게 된다. 겨우 주먹밥 두 개를 받고 맨발로 진창길을 걸어서…….

이런 끔찍한 경험을 한 조인승은 오랫동안 후유증에 시달렸다. 스물세 살 차이가 나는 박분순과 결혼했는데 박분순의 말에 따르면, 수십 년 동안 악몽에 시달리고 밤중에 벌떡 일어나 발버둥을 치곤 했다. 학살에서 살아남은 동포들이 처음 만나게 되었을 때 "살아계셨습니까!"라고 인사를 나눴다니 후유증을 겪은 건 그만이 아니었을 게다. 많은 동포가 눈앞에서 가족이 맞아 죽고 불에 타는 모습을 보았으니 그 충격이 오죽했을까? 조인승은 영화의 마

---

5   나라시노 수용소는 러일전쟁 시기 러시아 포로를 수용했던 곳이다.

지막에서 "사촌형이 나보다 네 살 위다. 지금 살았으면 86세가 되었을 것이다. 뼈가 묻힌 곳이 어디인지만 알아도 좋겠다"는 말을 남겨 관객의 마음을 아프게 한다.

〈감춰진 손톱자국〉은 발표 후 언론의 많은 조명을 받고 청구문화신인상을 받았다. 이마무라 쇼헤이 감독은 "자신이 만든 학교에서 이렇게 힘이 넘치는 다큐멘터리스트가 나온 점을 자랑스럽게 생각한다"며 오충공을 격려했다. 그러나 오충공에게 〈감춰진 손톱자국〉은 미완의 작품이었다. 그는 "유골이 발견되었으면 조선인 대학살을 다룬 내 영화는 한 매듭지을 수 있었다. 다른 주제나 극영화로 옮겨갈 수 있었다. 하지만 유골이 발견되지 않아 나는 이 주제를 놓을 수 없었다"라고 회고한다.

일본 정부는 1923년 이래 학살 사실을 인정하지 않고 감추려고만 했다. 영화 한두 편으로 세상의 진실을 다 밝힐 수 없지만 일본이 감추려 하면 할수록 오충공은 한 발 더 진실에 다가가고 싶었다. 결국 다음 작품을 결심하고 오충공은 1편에서 조인승이 끌려갔다고 한 나라시노 수용소 옛터로 카메라를 들고 간다. 그 결실이 바로 1986년에 발표된 〈불하된 조선인〉이다. 이 작품은 수용소에 갇힌 조선인을 인근 마을의 자경단에게 넘겨 살해하게 한 놀라운 사실을 다뤘다.

"불령이냐, 아니냐"

〈불하된 조선인〉의 충격을 만나려면 9월 1일 이후, 몇 차례에 걸쳐 변화된 야마모토 곤베에 내각과 계엄당국의 정책을 이해하는 것이 필요하다.

지진 이틀 후인 9월 3일, 임시진재구호사무국은 중요한 정책 전환을 결정한다. '조선인 습격설'을 명분으로 계엄령을 내리고 군대가 출동해 조선인을 공격했으나 반격이 없는 전투였다. 애초에 조선인 폭동이 없었으니 반격이 있을 수 없었다. 거리 곳곳에서는 자경단의 무차별 살인 행위도 벌어졌다. 야마모토 곤베에 내각은 지진으로 인한 위기를 모면하려고 조선인을 희생양으로 택했으나 학살의 광풍이 너무도 심해 수습 방안을 고민했다. 조선으로 이 소식이 전달되는 것도 걱정스러웠고, 해외로 이 사실이 알려질까 두려웠다.

방침을 전환했다. "조선인이냐, 아니냐"에서 "불령이냐, 아니냐"로 구분하고자 했다. 이것이 바로 9월 3일 임시진재구호사무국 회의의 결정 제4항이었다. "용의점이 없는 조선인은 보호하는 방침을 취하고 될 수 있는 한 적당한 장소로 집합 피난시킨다. 용의점이 있는 조선인은 모두 경찰 또는 헌병에 인도하여 적당히 처분할 것"이라는 내용이었다.[6]

6   임시진재구호사무국의 결정 이후 계엄사령부의 훈시도 이어졌다. "불령선인이 삼삼오오 무리를 지어 방화하거나 미수에 그친 사실이 없지는 않지만 이미 군대의

일본 관헌은 '불령'과 '양민'을 판단하겠다고 조선인에 대한 일제 검속을 벌였다. 조선인이라는 이유만으로 길거리에서 학살당하는 건 면했지만 조선인이라는 이유만으로 체포되어야만 했다. 또 다른 조선인 사냥이었다.

조선인을 늘 감시하던 특별고등경찰의 내선(조선인)계가 앞장섰다. "악덕 학생과 평소부터 주의를 요한 청년에 대해 2일부터 3일에 걸쳐 주로 요도바시, 스가모 및 기타 파출소와 협력하여 검속을 개시해 4, 5일경까지 약 4,000명을 잡아들였다"는 기록은 그 실상을 보여 준다. '악덕 학생'은 일본의 사상경찰이 조선에서 온 유학생을 가리키는 말이었다.

이렇게 하여 붙잡힌 조선인의 고통은 이루 말할 수 없었다. 연행될 때 철사나 밧줄로 결박하는 데 도망을 못 가게 한다고 철사줄이 맨살에 파고 들어갈 정도로 꽉 조였다. 경찰서나 임시 수용소로 끌려가는 길도 위험이 가득했다. 도처에 자경단의 갈고리와 곤봉이 머리 위에서 번뜩였는데 병사나 경찰은 이런 만행을 방관했다.

시미즈 이쿠타로(清水幾太郎)가 펴낸 『수기 간토대진재』에 니노바시 시게가즈(二橋茂一)의 목격담이 나온다.

다음 날 아침 동네 사람들이 어디론가 달려가기에 무슨 일인가 하

경비력이 거의 완전해져 가고 있으니 결코 두려워할 바가 아니다. 수백수천의 불령선인이 습격할 것이라는 출처가 분명치 않은 무뢰배들의 유언비어에 자칫 현혹되어 경거망동하는 일은 이제부터 삼가야 할 것이다."

고 살펴보았습니다. 경찰이 남자 한 명을 연행해 가는 것을 한 무리의 군중들이 '조선인, 조선인'이라고 욕하면서 에워싸고 있었습니다. 그러는 가운데 군중들은 경관을 밀쳐내고 남자를 가로채어 근처 연못에 내동댕이쳐 놓고 세 사람이 커다란 몽둥이를 가져와 살아있는 사람을 떡 치듯이 퍽퍽 내리쳤습니다.[7]

"불령이냐, 아니냐"로 정책은 전환되었지만 검속과 연행 과정은 이렇게 피비린내가 진동했다. 하지만 이런 상황도 9월 6일에 내려진 계엄사령부의 지시로 큰 변화를 맞는다. "그 성질의 선악에 관계없이 조선인을 무법으로 대우하는 것은 절대 삼가야 한다. 저들도 우리의 동포임을 잊어서는 안 될 것"이라는 강한 어조였다. 이제까지 볼 수 없는 태도였다. "불령이냐, 아니냐"로 방침을 전환했지만 자경단의 광란 상태가 통제되지 않았기 때문이다.

각지에서 검속된 조선인은 헌병사령부로 압송되어 특별고등경찰로부터 성명, 본적, 현주소, 직업 및 "지금 이런 일을 당하는 것을 어떻게 생각하는가?"와 같은 질문을 받았다. 소지품과 현금을 압수당하고 불령 행위를 했는가에 대해 집요하게 심문을 당했다. 조금이라도 혐의가 있다고 생각되면 고문을 받고 적당처분이 내려졌다. 적당처분이란 곧 죽음이었다. 심문을 받고 처분이 내려지기까지 불안 때문에 머리털이 하얗게 세어 버린 경우도 있었다.

7 『학살의 기억』248쪽에서 재인용.

지옥이 따로 없는 수용소 생활

'양민'의 판정을 받고 수용소에 가도 전시 포로보다 못한 취급을 받았다. 군대와 경찰에 잡힌 조선인이 6,000명이 넘는데 그중 3,000여 명이 나라시노 막사에 들어갔다. 많은 사람이 심한 부상을 입었으나 이렇다 할 치료를 받지 못해 끙끙 앓다가 적잖이 목숨을 잃었다. 그 외에 메구로 경마장이나 가나마루가하라 수용자의 경우도 사정은 다르지 않았다.

어느 수용소나 배급이 형편없어 하루 한두 개의 주먹밥으로 연명하고 물조차 제대로 마실 수 없는 지옥 같은 생활이었다. 특히 요코하마항에 있는 가잔마루라는 배의 상황이 끔찍했다. 스즈키상회가 주인인 이 배에는 가나가와현에서 일하던 조선인이 잡혀 있었다. 겨우 하루 두 번 소금기 없는 주먹밥 한 개씩을 배급받았다. 기록에 따르면 10일 아침부터는 세찬 비, 12일에는 늦은 무더위, 15일에는 다시 세찬 비바람, 22일에는 태풍이 왔다. 이들은 갑판 위에서 비바람과 무더위를 견뎌야 했다. 대소변은 아무데나 싸야 했다.

수용소 안에서도 요주의 인물에 대한 색출 작업은 계속되었다. 조선말을 하는 경찰을 스파이로 집어넣기도 하고 신고하라고 일부 조선인을 꼬드겼다. 이런 과정을 거쳐 수용소에서 '불령'으로 판정된 조선인, 저항의 기미가 있는 조선인은 처단대상이 되었다.

오충공의 〈불하된 조선인〉은 바로 이런 경과를 거쳐 나라시노 수용소에 갇히고 요주의로 판정된 조선인이 인근 마을 자경단에게 넘겨져 살해된 사실을 다루었다. 이 작품은 자경단원과 수용소 인근 후나바시 경찰서 순사부장 와타나베의 중요한 증언을 영상에 담아냈다. 수용소 부근 야치요시(八千代市)의 가야타(萱田)마을에서 일어난 일에 대해 기미츠카는 귀중한 증언을 한다.

"3명씩, 여기는 아랫마을이지만 윗마을, 중간마을에서도 마을마다 3명씩 데려갔어. 조선인을 받으러 갈 때는 경비단이 갔지. 절로 데려와서 함께 의논한 결과 죽이려고 데려왔는데 어쩌면 좋을까 하다가 (중략) 조선인한테 물어보니까 한 방에 죽여 달라고 했는데 그럼 칼로 목을 베는 게 좋을까 하니까, 눈을 가리고 총으로 쏴달라고 했어. 내 총은 못 쓰게 됐고 마을 사람한테 부탁해서 총값을 내줄 테니까 본인이 원하는 대로 해 주자 그래서 총을 구해서 세 사람을 한 사람씩 쐈지. 5척, 6척 깊이의 구덩이를 세 개를 파 놔서 탕 쏘니까 구덩이로 바로 떨어졌어."

이 끔찍한 범죄는 와타나베의 영상 증언으로 재차 확인된다. 그는 본청에 보고하기 위해 나라시노 주재 순사와 빈번히 연락을 취해 조선인 수의 통계를 적었다. 어느 날 그는 숫자가 맞지 않는 것을 발견했다.

"부근의 부락민이 데려간 거죠. 넘겨주더라는 얘기를 (주재 순사한테) 들은 적이 있죠. 그래서 부근 마을의 사람들이 재미있으니까 죽이려고, 수용소에 와서 넘겨받아 데려간다고 생각했죠."

앞서 기미츠카의 증언과 궤를 같이한다. 와타나베는 강덕상의
『학살의 기억』에 좀 더 상세한 증언을 남겼다.

나는 통계 담당이었으므로 매일 몇 시, 현재 조선인은 몇 명이라
는 일보를 작성했다. 현지 주재 순사가 현장에 가서 수용소 인원수
를 세어 나에게 보고하면 나는 그것을 현청에 보고했다. 그런데 하
루 2, 3명씩 숫자가 줄어가는 것이었다. 어제 몇 명, 오늘 수용소에
서 나간 자가 몇 명, 남은 자는 몇 명이라는 식이었는데 숫자가 맞
아떨어지지 않았다.

"머릿수가 주는 것은 매우 심각한 문제야"라고 주재 순사를 추궁
하자, 그는 수용소 사람들에게 들었다면서 "오와다(大和田) 등 근처
자경단에서 '2명 정도 데리고 가고 싶은데 오늘은 어떻습니까?'라
면서 데리러 온다. 그래서 부상이 심하거나 다루기 곤란한 자, 말
을 잘 듣지 않고 싸움을 일삼는 녀석은 없어지는 편이 좋으므로
2명 정도씩 자경단에 넘겼다"는 것이다. "그 사람들은 어떻게 되
었는가?"라고 물으니 주재 순사는 "아무래도 산속으로 끌고 가
죽여서 묻어버리는 듯합니다. 누가 했는지는 알 수 없지만"이라
고 말했다.[8]

이런 학살은 나라시노 수용소 부근 가야타, 다카츠의 나기노
하라(ナギの原), 오와다 등 여러 마을에서 행해졌다. 이송되지 않았

8 『학살의 기억』 287~288쪽.

는데 수용소의 인원이 줄었다면 탈출한 것이기에 이는 경비부대로선 비상상황이다. 그럼에도 불구하고 탈주자에 대한 수색 작업을 했다는 기록은 없으니 '불하'는 공공연히 이뤄졌음에 틀림없다. 지바현에 있는 '간토대진재와 조선인 희생자 추도조사위원회'의 활동으로 수집된 『진재일기』에는 다카츠에서 벌어진 살해 장면과 칼을 휘두른 자의 이름까지 적혀 있어 학살 사실을 뒷받침하고 있다.[9] 이렇듯 〈불하된 조선인〉도 조선인에 대한 만행을 생생하게 고발해 역사의 한 페이지를 장식하는 작품이 되었다.

〈감춰진 손톱자국〉과 〈불하된 조선인〉은 일본에서 천 번이 넘는 소규모 상영회를 가졌다. 한국에서도 기회가 있을 때마다 무대에 올려졌다. 1998년에는 제3회 부산국제영화제에 해외코리안 작품으로 초대되었다. 2014년에는 서울역사박물관에서 열린 '열도 속의 아리랑'이라는 8·15광복절 특별전시회에서 상영되었다. 2016년 서울의 광화문 광장에서 '간토 조선인 대학살 93주년 공식추모행사'가 열렸을 때도 인근 서울시청에서 시민들이 작품을 관람했다. 2016년부터는 미디어세림의 신채원 대표가 상영운동을 펼치며 시청을 원하는 시민단체나 교육기관이 있으면 전국 어디든 달려가고 있다.

오충공 감독이 이 두 작품을 만들 때 애로가 컸다. 젊은 나이에 경험도 부족하지만 무엇보다 참고할 수 있는 영상자료가 없었

9 이 책 '가토 나오키' 편에 일기에 적힌 학살 장면과 누가 어떻게 칼을 휘둘렀는지가 상세히 담겨 있다.

다. 또 여러 스텝을 이끄는 처지에서 경비도 문제였다. 그런 어려움을 이겨 낼 수 있었던 힘은 재일동포 2세로서 겪은 차별의 경험과 자각이었다. 1955년 도쿄에서 태어난 그는 고물상을 하는 아버지 밑에서 컸다. 그리 어렵지도 넉넉하지도 않은 생활, 부모님은 오충공이 일본 사회에 잘 스며들길 바라며 일본 학교를 선택했다. 학교 생활은 고통이었다. 조선놈이라는 욕지거리, 학교 오가는 길에 날아오는 돌팔매. 결국 조선학교로 전학을 했고 자이니치의 고통에 대해 눈을 뜨게 되었다. 조선인 대학살에 관한 작품을 만들면서 이것이 자이니치만의 문제가 아니고 한민족 전체의 문제이며 일본의 차별주의가 근본 원인임을 깨달았다.

세 번째 작품 <1923 제노사이드, 조선인 학살 100년의 역사 부정>

오는 9월 1일 100주년을 앞두고 오충공의 세 번째 작품 〈1923 제노사이드, 조선인 학살 100년의 역사 부정〉이 개봉될 예정이다. 이영화는 간토 조선인 대학살의 유족에 관한 이야기이면서 유족을 오랫동안 찾아 나선 감독 자신의 순례기이기도 하다.

일생 동안 일본제국주의의 범죄를 학문으로 고발한 야마다 쇼지는 『민중의 책임』 후기에서 이런 감상을 남겼다.

언제인지 기억은 없지만 조선인을 기리는 묘비, 추도비를 찾아다니기 시작한 지 얼마 안 되어서였던 것 같다. 사이타마 소메야의 조세지 사원 묘지에 있는 강대흥의 묘 앞에 섰을 때 갑자기 깨닫게 된 사실이 있었다. 강에게도 조선에 육친이 있었을 것이다. 그는 고향 육친을 생각하며 어떠한 기분으로 죽어갔던 것일까. 또 고향에 계신 육친은 돌아오지 않는 그를 어떤 마음으로 기다리고 있었을까. 강은 어디로부터 이 소메야로 오게 되었는지조차 알려지지 않은 채 소메야 주민에게 죽임을 당하고 말았다. 그래도 그의 소지품에 이름이 적혀 있었던지 이름만은 묘비에 새겨져 있다. 그러나 소메야 사람들은 그의 고향이 어디인지 알지 못한다. 따라서 그의 죽음이 고향의 육친에게 전해졌을 리가 만무하다.

오충공이 유족에 주목한 이유는 야마다 쇼지의 생각과 맞닿아 있다. 그는 고향에 있는 가족이 애타는 그리움을 지닌 채 스러져간 이야기를 보여 주고 싶었다. 1만 권의 책, 1만 개의 증언보다 유족의 한마디가 더 힘을 지닌다고 오충공은 생각했다. 또 학살 당시 관련자가 모두 사망했고 점점 잊힌 사건이 되어가기에 이를 되살리기 위해선 유족의 존재가 중요했다. 시민운동단체만이 아니라 피해 당사자가 나서야 일본 정부를 향해서 책임 인정과 사과를 힘있게 요구할 수 있기 때문이다. 실제로 중국의 '유족연합회'는 코로나 이전에 도쿄에서 열린 추도식에 해마다 참석하고 일본 외교부를 방문해 학살 인정과 사죄를 요구해 왔다.

그러나 유족을 찾는 일은 애로가 많았다. 강제동원이나 강제징병의 경우엔 생존자와 유족도 많고 기록도 풍부하게 남아 있다. 정부 차원의 조사위원회도 활동했으나 조선인 대학살은 달랐다.

살아 돌아온 자는 모두 숨졌고 학살당한 이에 대해 제대로 된 조사 명단이 없었다. 그렇기에 유족을 발굴하고 확인하는 문제는 쉽지 않았다.

뜻하지 않은 계기가 찾아왔다. 2013년 주일한국대사관에서 '일본 진재시 피살자 명부'가 발견되었다.[10] 이 명부는 이승만 정부가 1953년에 열릴 요시다 시게루와 정상회담을 앞두고 준비 차원에서 만든 자료였다. 오충공은 국가기록원으로 넘겨진 이 자료에서 학살당한 이의 이름과 본적지를 일부 확인하고 유족을 찾기 위한 발걸음을 내디뎠다. 학살 이후 남겨진 그들의 가족사를 기록하기 위한 여정이었다. 한국의 어떤 정부도, 어떤 시민운동단체도 하지 않고 생각도 못 한 일을 시도한 것이다.

---

10 주일한국대사관을 신청사로 이전할 때 세 종류의 명부가 발견되었는데 그중 하나가 '일본 진재시 피살자 명부'(1권 109매, 290명 수록)였다. 이승만 대통령은 1952년 12월 15일에 열린 제109회 국무회의에서 ① 3·1운동 살상자 ②간토진재 희생자 ③제2차 세계대전 징용·징병자 수 ④왜정하 애국사상운동 옥사자 ⑤미곡 약탈량 ⑥금은 보물 반출량 등에 관한 조사와 집계를 내무부에 지시했다. 이승만은 1953년 1월 5일부터 7일까지 일본을 공식 방문해 요시다 시게루(吉田茂) 수상과 정상회담을 할 예정이었다. 이 조사는 회담의 준비를 위해 필요한 것이었다. 그런데 당시 부산으로 피난 간 상태에서 행정력은 미미했고 시간 또한 촉박해 이 명부는 1953년 4월 15일에 열린 제2차 한일회담 때에 맞춰서야 작성돼 대표단에게 전달된 것으로 보인다. 그 후 일본 진재시 피살자 명부는 1965년 6월 22일 한일협정이 체결될 때까지 제대로 활용되지 못했다. 이후 주일대사관 캐비넷에 잠들어 있다가 청사 이전을 위한 이삿짐 정리 중에 발견되었다. 행정안전부로부터 이 자료를 넘겨받은 국가기록원은 2013년 11월 이를 공개했고 이때서야 학살 희생자 유족을 공식적으로 확인할 수 있는 계기가 마련되었다.

오충공은 학살당한 이의 본적지로 가서 주민센터나 노인정, 마을회관을 다니며 수소문했다. 달리 뾰족한 방법이 있을 리 없었다. 그렇게 해서 경남 의성군에서는 박덕수의 유족 박성균을, 함안군에서는 정경수의 유족을 찾아냈다. 오충공은 〈감춰진 손톱자국〉의 주인공 조인승이 태어난 거창을 방문해 뜻밖의 성과를 거뒀다. 또 다른 유족 조광환을 만난 것이다. 오충공은 또 군마현 후지오카 경찰서에서 살해된 남성규의 외손자 권재익을 만나러 경상북도의 영주시도 여러 번 찾아갔다. 유족을 만나면 오충공은 족보를 확인하고 가족사를 듣고 가묘라도 있으면 술을 올리고 이를 영상에 담았다. 제주에 있는 유족 조팔만[11]은 연합뉴스 변지철 기자의 노력 덕에 확인이 되었다. 변 기자가 두 달간 제주도 내 주민센터를 찾아다니며 얻은 결실이었다. 덕분에 오충공은 조팔만의 생전 모습도 필름에 담았다.

오충공은 일본에서 태어났고 생활 기반도 그곳이라 일본과 한국을 오가며 유가족을 찾는 작업이 쉽지 않았다. 유족이 주로 경상남북도인 거창, 함안, 의성, 영주 등지에 있어 도쿄에서 서울에 와 다시 차를 빌려 오가야 했다. 때로는 촬영감독도 같이 와야 하기에 경비도 만만치 않았다.

이런 어려움을 이겨내며 오충공 감독이 찾은 유가족은 모두 일곱 가족 열세 명이었다. 오충공은 2017년 8월 20일, 부산에 있는 강제동원역사관에서 유족회 발족을 위한 모임과 기자회견을 열었

11 이 책 '유족' 편에 조팔만의 사연이 나온다.

영상으로 기록된 피맺힌 증언과 참상

104

다. 이날 오전에는 옛 부산부두 인근 수미르 공원에서 조상의 영령을 기리는 제사도 모셨다. 그 당시 대부분의 조선인이 부산에서 배를 타고 시모노세키에서 내려 일본 내륙으로 들어갔기 때문이다. 학살 피해를 당한 지 90년이 넘어서야 이뤄진 일이다. 이 자리에는 '간토대진재시 조선인 학살의 사실을 알고 추도하는 가나가와현 실행위원회'의 대표 야마모토 스미코, '구마모토 지진의 헤이트스피치를 용서 안 하는 모임'의 마츠오 카세츠코 대표도 참석했다.[12] 여기서 마츠오는 "간토학살에 대해 일본은 책임을 지려 하지 않고 있다. 일본인으로서 조선인 희생자분들에게 마음으로 용서를 바란다"라고 말했다.[13]

　　오충공은 유족회 결성을 위한 모임을 가진 이듬해, 유족 권재익과 조광환을 일본으로 초청해 군마현 후지오카의 죠도지 추도식과 지바현 간논지(觀音寺)의 추도식에 참석했다. 또 (재일동포) 유가족과 함께 2018년 9월 도쿄의 신오쿠보에서 공동기자회견을 열어 진상규명을 촉구했다. 이 모든 경비도 그의 호주머니에서 나왔다. 오충공은 이런 여정을 그의 세 번째 작품에 담았다.

---

12 이 책 '야마모토 스미코' 편을 참조.

13 《연합뉴스》, 2017년 8월 30일, "94년 걸린 간토학살 희생자 유족회 발족…진상규명촉구"에서 인용.

기억을 남기는 투쟁은 계속된다

간토 조선인 대학살 100주년인 9월 1일을 앞두고 오충공의 작품은 세상에 나오리라. 그의 나이 올해 68, 첫 작품을 낸 게 스물여덟이니 40년 여정의 결산이 되는 셈이다. 그런데 그의 작업은 이게 종착점이 아니다. 그가 만들어 갈 이야기가 더 있다.

우선 강덕상의 일대기. 오충공에게 강덕상은 큰 스승이었다. 선생이 2021년 89세를 일기로 세상을 뜰 때 임종을 못 지켰다. 말기암으로 고생하던 강덕상이 응급실에 실려 갔으나 코로나 탓에 가족 외에는 면회가 안 되었기 때문이다. 강덕상의 역작인 『여운형 평전』 4권이 완간되었을 때도 출판기념회를 열지 못하고 독립기념관에서 학술상을 받았을 때도 축하 모임조차 만들지 못했다. 모두 코로나 때문이지만 안타깝기 그지없었다. 강덕상은 병상에서 하루 열 차례나 오충공을 찾았다고 한다. 그를 아끼고 그에게 의지했던 까닭이리라.

오충공도 강덕상을 흠모하고 배움을 청했다. 〈감춰진 손톱자국〉을 만들 때 강덕상은 조선인 대학살의 진상을 꿰뚫어 볼 수 있게 인도했다. 흥분한 자경단에 의해 저질러진 충동 범죄가 아니라 조선의 민족해방투쟁에 놀라 조선인 자체를 적대시한 일본제국주의의 국가범죄라는 시각을 세워 주었다. 강덕상은 "박해를 겪은 동포를 중심으로 한 지역을 설정해 문헌자료, 사진자료, 목격자의 증언을 결합하는 작업 방법"까지 제안해 줬다. 오충공은 이런 가르침을 받아들이고 충실히 표현하고자 했다.[14]

강덕상은 또 오충공을 세 번째 영화 제작으로 나서게끔 용기를 주었다. 2011년 동일본 대지진이 났을 때 강덕상은 자신의 강연 몇 시간보다 영화 한 편이 더 호소력이 있다며 오충공에게 "〈불하된 조선인〉으로부터 30년 동안 이루어진 변화를 기록으로 남겨라. 그것이 오 감독 영화의 진정한 완성이다"라고 촉구했다. 부친의 사업을 이어받아 가업에 충실하던 그는 긴 고민 끝에 세 번째 영화를 만들기로 마음을 먹는다. 당시 일본 사회에서 혐한 분위기가 고조되던 것도 이 결심에 큰 영향을 미쳤다.

오충공은 〈감춰진 손톱자국〉에서 강덕상과 인연을 맺은 이래 오랜 세월 그의 삶을 카메라에 담았다. 말기암으로 고생하면서 생애 마지막까지 강의와 연구, 현장답사로 조선인 대학살의 진상규명에 정진했던 강덕상의 이모저모가 담겨 있다. 돌아가시기 2주 전까지 모습을 담았다고 한다. 기쁘게도 강덕상 선생이 평생 모은 사과 상자로 700개가 넘는다는 연구자료가 2023년 2월 한국의 동농재단(이사장 김선현)으로 왔다.[15] 그 벅찬 장면도 어떻게 기

---

14 강덕상은 영화 〈불하된 조선인〉에 직접 출연도 했다. 연극인 김의경의 제안으로 나기노하라 마을에서 살해된 조선인의 영령을 기리는 보화종루가 1985년 9월 1일 간논지에 세워졌다. 이 과정이 영화에 담겼는데 강덕상은 "63년 만에 종을 울려 영혼을 위로하려는 고국 사람들의 마음이 전해졌죠. 이제야 무참히 돌아가신 분들의 혼이 고국으로 돌아가지 않았을까요? 그런 점에서 매우 감격적인 날이라고 생각합니다"라고 화면에서 직접 감상을 밝혔다.

15 동농재단은 독립운동가이며 서예가인 동농 김가진 선생을 기려 만든 재단으로 2023년 5월 창립총회를 열었고 8월 출범을 앞두고 있다. 강덕상은 평생 모은 자료가 한국에서 정리되길 원했고 이 뜻을 김가진 선생의 증손녀 김선현 이사장

록되었을지 궁금하다. 오충공 감독의 손에서 피어날 강덕상의 삶이 기다려지는 이유들이다.

강덕상의 삶에 더해 일본의 많은 시민운동가 사연도 있다. 30~40년을 한결같이 조선인 학살을 추도하고 진실을 묻는 그들의 이야기 또한 기대된다. 아라카와의 전설을 지펴 낸 기누타 유키에, 조선인 학살을 기리는 추도비를 지키며 호센카를 이끌어가는 니시자키 마사오, '간토 조선인 대학살에 관한 일본의 국가책임을 묻는 모임'의 다나카 마사타카(田中正敬) 등 많은 인물이 한 컷 한 컷 기록되어 있다. 언젠가 이들의 삶도 묵직한 영상으로 우리에게 다가오리라.

오충공의 작품은 극영화가 아니니 입장료 수입을 바라볼 수 없다. 힘 있는 배급사가 나서는 것도 아니다. 목돈을 대 주는 누군가가 있는 것도 아니기에 그는 지금까지 제작자이며 연출자로, 촬영감독이며 편집자로 1인 다역을 했다. 물론 작품 해설을 겸한 강연도 많이 했다. 앞으로도 그러할 것이다.

다가오는 9월 1일 간토 조선인 대학살 100주년은 기념식을 잘한다고 만족할 일이 아니다. 오늘날 일본이 제국주의 시절의 국가범죄를 부정하며 사죄하지 않고 있기에 100주년 이후에도 '역사투쟁'

이 받아들였다. 동농재단은 강덕상자료센터를 설치해 기증 자료를 정리하고 공개할 계획이다. 2023년 10월에는 강덕상 기증 자료를 중심으로 고려대박물관에서 '간토대지진' 주제만으로 전시회를 계획하고 있다.(《한겨레》, 2023년 6월 14일, "간토대지진 계엄군 배치도까지…기증자료 상상 이상")

'기억전쟁'은 계속될 수밖에 없다. 그렇기에 칠순을 바라보는 오충공의 카메라는 현장을 떠나지 못한다.

구사일생으로 살아남은 조선인 신창범의 회고

학살 현장에서 끔찍한 경험을 하고 살아남은 신창범은 일본의 조선대학교가 1963년에 펴낸 『간토대지진에서의 조선인 학살의 진상과 실태』에서 생생한 증언을 남겼다. 여기서는 니시자키 마사오가 펴낸 『간토대진재 조선인 학살의 기억―도쿄지구별 1,100가지 증언』에서 번역해 옮겼다. 신창범의 손자 신창우는 현재 호세이대학 사회학부 교수로서 재일사학의 명맥을 이어가고 있다.

(아라카와강 제방, 게이세이 전철 철교변에서) 4일 아침 2시경이었다고 생각합니다. 꾸벅꾸벅 졸고 있는데 "조선인을 끌어내" "조선인을 죽여" 등의 목소리가 들렸습니다. (중략) 곧 저쪽에서 무장한 한 무리가 자고 있는 피난민을 한 사람 한 사람 깨워, 조선인인지 확인하기 시작했습니다. 저희들 15명 대부분은 일본어를 모르니 다가오면 바로 들키게 됩니다.

무장한 자경단은, 조선인을 찾아내면 그 자리에서 일본도를 내리치거나, 토비구치(막대 끝에 쇠갈고리가 달린 소방 용구)로 찔러서 학살했습니다. 함께 있던 20명쯤 중에서 자경단이 다가오는 방향에 가장 가까웠던 사람이 임선일인데 아라카와강의 제방공사에서 일하고 있었습니다. 일본어를 거의 못 알아듣는데 자경단이 그의 곁에 와서 뭔가를 말하자, 그는 제 이름을 큰 소리로 부르며 "뭔가 말하는데, 통역해 줘"라고 소리쳤습니다. 그 말이 끝나자마자 자경단의 손에서 일본도가 내리쳐져, 그는 학살되었습니다. 그 옆에 앉아 있던 남자도 살해당했습니다. 이대로 앉아 있으면 틀림없이 죽겠기에 저는 동생 (신)훈범이와 매형에게 눈짓하고 철교에서 뛰어내렸습니다.
(중략)

헤엄쳐서 건너려고 하는데, 다리 위에서 총소리가 연이어 들려오고 헤엄치는 사람이 잇달아 물에 가라앉아 버렸습니다. 총소리는 계속

들리고 헤엄칠 용기도 사라졌습니다. 근처 갈대숲 속에 숨어 겨우 몸을 지탱했습니다. 잠시 후 바로 옆에 있던 매형의 사촌이 미친 듯이 이상한 소리를 치기 시작했습니다. 저는 소리를 막으려고 안간힘을 다했지만 소용없었습니다. 이미 날이 새, 사람 얼굴도 뚜렷이 알 수 있는 정도였습니다. 마침내 배를 타고 3명의 자경단이 다가왔습니다. 각자 일본도나 토비구치를 들어 올린 무시무시한 얼굴이었습니다.

죽음을 직면하면 오히려 용기가 나는 법인가 봅니다. 지금까지의 공포심은 갑자기 사라지고 적개심이 격렬하게 올라왔습니다. 지금은 빈약한 몸입니다만, 당시는 체중이 80킬로가 넘어 힘으로는 누구한테도 지지 않을 자신이 있었습니다. "죽게 될지언정, 나도 한 명쯤은 죽이겠다"란 마음이 솟구쳤습니다. 나는 다가오는 배를 뒤집어 버렸습니다. 강 속에서 난투가 시작되었습니다. 그런데, 또 한 척의 배가 다가와 어쩔 수 없이 잡혀 강변으로 끌려갔습니다.

흠뻑 젖어 강변에 오르자마자 한 남자가 저한테 일본도를 내리쳤습니다. 저는 칼을 막으려고 왼손을 올렸는데 이때 왼손 새끼손가락이 날아가 버렸습니다. 나는 그 남자에게 달려들어 일본도를 빼앗고 뒤엉켰습니다. 제가 기억하는 것은 여기까지입니다.

(중략)

나중에 들었는데, 아라카와 강둑에서 살해당한 조선인은, 상당한 수여서 어시장에서 큰 물고기를 걸어서 끌고 가듯 2명의 남자가 토비구치로, 발목을 걸어서 데라지마 경찰서로 끌고 갔다고 합니다. 제 양쪽 다리 두 곳의 상처는 제가 기절한 뒤 경찰서까지 끌려갈 때 난 상처입니다. 저는 이렇게 데라지마 경찰서의 시체 수용소에 방치되었습니다.

제 동생 또한 머리에 팔자 모양으로 상처를 입었고, 매형은 다행히 상처 없이 경찰에 수용되었습니다. 얼마나 지났는지 모르겠지만 동생은 시체수용소에서 "물을 달라"는 소리를 들었습니다. 동생은 나의 목소리인 것 같아서 그 근처를 찾아보았지만, 시체가 산더미이고 진흙투성이여서 찾을 수 없었답니다. 그 후 큰비가 내린 덕에 시체에 묻은 진흙이 떨어졌습니다. 3, 4시간 후 동생은 물을 달라는 목소리를 다시 듣고 시체수용소로 가, 마침내 저를 찾아내 시체더미에서 끌어내 거적을 덮어 놨습니다. 이렇게 해서 살아났습니다. 조선으로 돌아가 보니, 제 고향 거창군에서도 지진 재해 때에 12명이나 학살된 것을 알았고 그중 제 친척도 3명이나 살해당했습니다.

일본을 위해서
조선인 학살의 책임을 묻다

야마모토 스미코

"나는 이 일을 조선인만을 위해서 하는 게 아닙니다.
일본인을 위해서 합니다.
사죄하지 않으면 불행이 반복되니까요."

나는 올해 2월 '간토학살을 연구하는 모임'의 답사에 참여해 4박 5일 일정으로 일본을 다녀왔다. 나흘째 되는 날은 가나가와현의 요코하마시를 둘러보는 일정이었는데 여기서 '간토대지진 때 조선인 학살 사실을 알고 추모하는 가나가와현 실행위원회'(이하 실행위원회)의 대표 야마모토 스미코(山本すみ子)를 만났다.[1] 1939년생 야마모토는 팔순이 훌쩍 넘었다. 가는귀를 먹고 허리가 아픈데도 기꺼이 현장해설도 하고 한 시간짜리 강연도 선 채로 해낸다. 2010년에는 칠순이 넘은 나이에 「요코하마에서 간토대지진시 조선인 학살」[2]이라는 논문까지 썼으니 그 힘은 과연 어디서 솟아 나오는지 궁금하다. 이날 야마모토는 우리 답사반을 직접 안내하겠다고 이마모토 요코(今本陽子) 사무국장과 함께 나와 주었다. 나는 그를 뒤따라 요코하마시에서 벌어진 학살 현장 여러 곳을 둘러보았다. 가나가와현의 계엄사령부가 있었던 다카시마다이(高島台)와 탄마치(反町) 공원 그리고 옛 아사노(浅野) 조선소와 호쇼지

---

1 야마모토 스미코를 2월에 만났을 때는 '간토학살 100주기 추도사업추진위원회'의 김종수 집행위원장과 조진경 교육홍보위원장, 기억과 평화의 김창규 목사, 진실과 화해위원회의 전 위원 임승철 목사 등 8명이 함께 했다. 그때 인상이 강렬해 3월에 다시 일본으로 건너가 단독으로 만났다. 이때 못다 한 얘기를 4월에 줌으로 나눴고 요코하마의 오은정 선생이 통역을 맡아주었다. 오 선생은 15년째 일본에 살고 있는데 간토 조선인 대학살에 관한 깊은 문제의식을 갖고 '가나가와현 실행위원회'의 회원으로 활동하고 있다. 이 글은 답사했던 날을 축으로 세 번의 만남에서 나왔던 얘기를 종합해서 썼다.

2 논문의 원제목은 「横浜における関東大震災時朝鮮人虐殺」이다. 호세이대학 대원사회문제연구소에서 2014년 6월 펴낸 학술지에 실렸다.

(宝生寺) 순이었다.

다카시마다이에서 시작된 답사

다카시마다이에 있는 자그마한 공원에서 야마모토의 해설은 시작되었다. 이곳은 도쿄만과 요코하마항을 굽어볼 수 있고 눈 밑으로는 요코하마역을 지나는 많은 선로가 보이기에 도시의 전모를 파악하기에는 안성맞춤이었다. 인근 아오키(靑木)산에는 재향군인회 본부가 있고 헌병대본부도 가까이 있었다니 지진 당시 가나가와현 경비사령부 위치로는 나무랄 데 없어 보였다.

"요코하마와 가나가와현의 학살은 철저히 은폐되어 있었습니다. 아무런 죄도 없이 죽어간 조선인은 지금도 지하에서 신음하고 있습니다. 나라 잃은 사람들은 어디에도 호소할 데가 없었습니다. 그런데 1965년 한일조약을 맺을 때 조선인 대학살에 대해서 전혀 언급이 없었습니다. 이 비인도적인 범죄를 정면으로 마주보지 않았습니다."

여든네 살의 나이가 믿기지 않을 정도로 힘차고 카랑카랑한 목소리로 시작한 선생의 이야기는 설명이라기보다는 연설에 가까웠다. 요코하마에서 죽어간 조선인에 대해 연민이 가득하고 일본 정부로부터 아무런 사죄도 받아 내지 못한 한국 정부를 꾸짖

다카시마다이에서 해설을 하는
야마모토 스미코, 왼쪽은 홍보 담당 야마다 야스코,
오른쪽은 이마모토 요코 사무국장이다.

는 내용이었다.

조선인 대학살 당시 가나가와현의 조선인 피해는 매우 컸다. 지진의 피해를 직접 받은 지역이면서 군대, 경찰, 자경단이 삼위일체로 조선인 학살에 나섰기 때문이다. 이재조선동포위문반의 조사에 따르면 가나가와 철교에서 500명, 도카타바시(土方橋) 다리와 야하타바시(八幡橋) 다리 사이에서 103명, 가나가와 경찰서가 있는 고텐초 부근에서 40명, 고야스마치(子安町)부터 가나가와 정차장까지 150여 명, 아사노(浅野) 조선소에서 48명 등 3,999명이 학살당한 것으로 보고됐다.[3] 하지만 일본 사법성에서는 다지마초(田島町)와 쓰루미마치(鶴見町)에서 각 한 명씩 두 명만 살해당했다고 주장했다.

피해자 수를 보았을 때 3,999명과 2명의 차이는 너무나 크다. 이런 점 때문에 진실이 무엇인지 의문을 갖게 되나 이는 일본 정부에게 큰 책임이 있다. 시신을 불태우거나 바다에 떠내려 보내 증거를 없애고 유해 수습조차 막으며 학살 사실을 감춰 제대로 조사가 이뤄질 수 없었기 때문이다. 당시 이재조선동포위문반의 조사 활동은 일본 경찰로부터 심한 탄압을 받았다. 사이타마현을 조사

3   희생자에 대한 이 기록과 관련 논란이 많다. 당시 이재조선동포위문반의 조사에서 6,661명이 학살당한 것으로 밝혀졌는데 이 중 요코하마가 포함된 가나가와현이 3,999명이다. 그런데 재일조선인 인구추계조사에 따르면 가나가와현 거주 조선인 수가 1923년에 3,645명이다. 거주 인구보다 희생자 수가 많은 셈이다. 가지무라 히데키는 이에 대한 보완 연구를 통해 2,000명으로 희생자 수를 추정했다. 『민중의 책임』 229쪽 참조

했던 이철은 이런 회고를 남겼다.[4]

"사이타마현 혼조에 도착했을 때, 도쿄로부터 미행해 온 경시청 내
선과 형사 두 명, 혼조 경찰서 두 명이 따라왔다. 그 동네의 여관에
머무르고 있을 때는 형사들이 화장실 가는 것조차 따라오는 식이
어서 일체 외부와의 접촉은 단절되었다."

이런 악조건을 뚫고 위문반은 1923년 12월 25일 일화일선청
년회관에서 열린 '재도쿄 조선인대회'에서 6,661명의 사망자가
발생했음을 보고했다. 이 중 가나가와현이 3,999명으로 다른 어
떤 지역보다 피해가 큰 셈이다. 그러나 일본 당국은 두 명뿐이라
고 공식발표를 했으니 어떻게든 사실이 드러나는 것을 막고 감췄
을 게다. 야마모토 스미코는 이런 은폐 행위를 성토하면서 해설
을 시작한 것이다.

교사로 일하며 조선인 인권에 눈을 뜨다

야마모토는 요코하마국립대학 학예부 시절 친구들과 주변 농촌 마
을을 찾아다녔다. 하루에 한 번만 버스가 다니고 생활 형편이 매

---

4   이철의 이 회고를 기록한 사람은 박열·가네코 후미코 사건에 연루되었던 한현상
     이다. 『민중의 책임』 202쪽 참조

우 어려운 곳에 친구들과 먹을거리를 싸 들고 자주 오갔다. 여름 방학 때는 친구들과 농촌 어린이를 위해 인형극을 준비했다. 사전에 그 마을에 대해 조사하고 알맞은 주제를 골랐다. 이때 그는 '농촌문제', '빈곤문제'에 눈을 뜨게 된다.

야마모토 스미코는 대학을 마치고 스물다섯 나이에 처음 부임한 우쇼다 소학교에서 충격을 받는다. 교단에 서 보니 조선인 아동 중 불과 20% 정도만 자기 본명을 쓰고 있었다. 나머지는 일본식 통명을 쓰고 자신이 조선인임을 모르다가 외국인 등록증 신청을 할 때 비로소 알게 되어 "왜 조선인으로 낳았냐"라고 원망하는 아이도 있었다.

그런데 조선인임을 드러낸 아이는 물론이고 일본식 통명을 쓴 아이도 괴롭힘을 당했다. 교실에는 비아냥과 괴롭힘이 넘쳤다. 싸움이 벌어지면 "너 조선인이지!" 하며 공격하고, 이 말을 들은 아이는 얼어붙었다.

문제는 차별의식, 제국주의 의식이 세대를 이어 내려왔다는 점이다. 야마모토 스미코는 언젠가 학교에 보관되어 있는 1910년대 포스터에 "조선인은 야만스럽고 불결한 생활을 하니 일본인이 이주를 하면 돈을 많이 벌 수 있다"라고 적혀 있는 것을 보고 놀랐다. 대놓고 조선인을 업신여기는 제국주의 의식이 교육현장에서 심어지니 일본인 아이는 학교에서나 거리에서 죄의식 없이 조선인 아이를 돌림쟁이로 만들었던 것이다.

야마모토 스미코는 이를 동료 교사나 학교 당국과 상의했다. 돌아온 대답은 "일본 아이도 따돌림을 당한다. 어린 시절에 있을 수 있는 일이니 어쩔 수 없다"는 태도였다. 분명히 '민족차별'임에도 불구하고 대수롭지 않게 넘어가는 현실을 그는 받아들일 수 없었다. 그는 깊은 고민에 빠진다. 조선인 아이는 자기 이름을 쓰면 안 되나? 조선인이라는 이유만으로 손가락질받아야 하나? 나는 이 아이들과 어떻게 만나야 하지?

야마모토는 대안을 고민했다. 그는 방학 중에 혼자서 조선인 학생을 모아 여름학교를 열었다. 조선인 학생에게 자기 이름을 소중히 여기고 당당하게 밝히라고 가르쳤다. 그는 한국의 민속문화와 전통놀이를 가르치며 뿌리를 알아야 한다고 말했다. 치마저고리, 바지저고리도 입히고 '삼년고개' 같은 한국의 민요도 함께 불렀다. 창을 하던 조선인 이창섭에게 배워 아이들에게 장구를 가르쳤다. 일본 아이들을 바꾸기 위해 조선학교와 교류했다. 학교 내에서 괴롭힘을 없애려면 일본 아이가 지닌 편견을 없애야 하기 때문이었다.

그의 노력이 받아들여져 여름학교는 나중에 학교 차원의 프로그램이 되었다. 야마모토는 여기서 멈추지 않았다. 요코하마시 교육위원회에게도 요구했다. '조선인 차별'을 학교에서 몰아내는 프로그램을 시행하라고. 그의 노력이 통해서인가 1980년대 말과 1990년대 초를 거치면서 요코하마시 교육위원회는 '한국·조선인의 교육방침'을 수립하게 된다. 요즘 우리식으로 말하면 다문화 교육과 프로그램을 교육청 차원에서 시행한 셈이다.

50주년에 조선인 대학살을 알게 되다

다카시마다이에서 한 시간 남짓 얘기를 나눴을 때 점심시간이 되었다. 고맙게도 야마모토는 100년이나 되었다는 식당 키요켄(崎陽軒)의 시우마이 도시락을 우리 답사팀 인원수만큼 준비해 왔다. 2월이지만 햇볕이 따뜻하고 요코하마 항에서 불어오는 바람도 포근했다. 공원 벤치에서 몇 젓가락을 뜨자 비둘기가 다가왔다. 녀석들을 밀어내며 야마모토는 점심시간도 아깝다는 듯 얘기를 이어갔다.

> "강덕상은 일본 역사의 길모퉁이에 조선이 있다고 말했습니다. 정확한 말이에요. 나는 일본이 잘못을 저지르게 된 뿌리를 생각합니다. 식민지 지배 자체가 문제입니다. 일본은 조선에서 동학농민혁명, 의병투쟁, 3·1 독립운동을 탄압했습니다. 이것이 간토대지진 때 조선인 대학살로 이어졌다고 봅니다. 역사를 보는 눈을 기르기 위해서는 계속 배우고 날카로워져야 합니다."

야마모토가 조선인 대학살에 관심을 갖게 된 때는 1973년이다. 간토대지진 50주년을 맞아 여러 특집기사가 쏟아져 나왔다. 그는 어린 시절 자신의 어머니로부터 "간토대지진 때 조선 사람이 나쁜 짓을 많이 했다"라는 말을 들었다. 당시 지진을 기억하는 보통의 일본 사람과 다르지 않았다. 그런데 특집기사나 이전에는 스치고 지나갔던 잡지의 회고록은 다른 진실을 말했다.

어쨌든 천하에 내놓고 떳떳하게 하는 살인이었죠. 우리 집은 요코하마에 있었는데 가장 조선인 소동이 심했던 나가무라초에 살고 있었어요. 그 살인 방법은 지금 생각해도 참 소름이 끼칩니다만 전봇대에 가시 달린 철사로 동여매고는 때리고 차고 토비구치로 머리에 구멍을 내고 죽창으로 찌르고 어쨌든 닥치는 대로 해댔죠. 몇 명이나 죽였는지 공공연히 사람들이 떠들며 자랑하고 해서 저 같은 사람은 면목이 없어 주눅 든 채 걸어가곤 했죠.[5]

야마모토는 이런 증언을 읽으며 조선인 학살의 뿌리를 찾은 느낌이었다. 어머니에게 들은 얘기, 막연했던 간토대지진의 이미지와 다른 목소리였다. 그는 진실을 찾기 위해 노력했다. 잡지에 회상기를 남긴 사람에게 연락했다. 당시엔 기고자의 전화번호와 주소가 원고 밑에 있었다. 만나면 그들은 "조선인이 불쌍하다"는 말을 되뇌이곤 했다. 하지만 거기까지였다. 왜, 무엇 때문에 조선인이 학살당하고 은폐되었는지에 대해선 말이 없었다. 그는 가나가와 현립도서관, 요코하마 시립도서관 등 여러 곳을 돌아다니며 자료를 찾았다. 그때 시립 고도부키(寿) 소학교와 이소고(磯子) 소학교 어린이들이 남긴 『지진에 관한 아동의 감상(震災に関する児童の感想)』이라는 문집을 발견했다.[6] 고도부키 소학교의 하라타 후쿠타로

---

5 『민중의 책임』 229쪽에서 재인용.

6 한편 재일사학자 금병동은 그 당시 아동들이 겪은 지진 경험 중에서 조선인 학살이 언급된 부분을 모아 『조선인 학살 관련 아동 증언 자료』를 1989년에 녹음

(原田福太郎)는 '지진 당시'라는 작문에서 "육군과 해군이 왔습니다. 그리고 선인(鮮人)을 정벌했습니다"라고 썼고 같은 학교 홋타 노부 요시(堀田信義)도 '대지진 화재를 맞아 기록함'이란 글에서 "병대가 와서 선인을 정벌해서, 선인은 싹 없어졌다"라고 적었다.

　야마모토는 이런 자료를 모아 그가 속해 있던 요코하마 스터디 그룹에 간토대지진 때 벌어진 조선인 학살에 대해 연구하자고 제안했다. 학살이란 단어를 부담스러워하는 분위기여서 주제의 이름을 '조선인 문제'라고 조금 바꾸었다. 이때 야마모토는 일본인의 차별의식, 역사인식의 문제점을 다시금 깨닫고 이에 맞서야겠다는 다짐을 했다. 그는 학살 관련 자료를 모으고 증언을 수집하면서 요코하마시 교육위원회에 '조선인 학살'을 교과서에 수록하고 아동과 청소년에게 가르치라고 요구했다.

　1980년대는 간토 조선인 학살에 대한 일본 사회의 인식이 변하는 시기였다. 학계에서도 '수난'이나 '박해'가 아니라 '학살'이란 용어를 채택하고 제노사이드라는 시각이 폭넓게 받아들여졌다. 여기에는 강덕상이나 박경식, 야마다 쇼지 같은 학자의 연구가 큰 몫을 했다. 또 도쿄나 지바, 사이타마현 등 여러 지역의 시민단체도 간토대지진 50주년을 전후해 부정할 수 없는 자료와 증언을 많이 모았다. 시미즈서원(淸水書院) 같은 곳에서 출판한 교과서는 이를 반영, 학살의 주체가 '군경'이고 그 원인은 일본의 '배외주의' 때문이라고 기술했다. 일본의 미래세대가 간토 조선인 대학살 당

서방에서 펴냈다.

시 일본의 국가범죄를 교육받게 된 것이고 야마모토 스미코는 여기에 작은 디딤돌을 놓은 것이다.

왜 자경단은 조선인을 적으로 간주했나

다카시마다이에서 점심을 먹고 탄마치와 고가야(후ヶ谷) 공원을 거쳐 오후 2시쯤 이날의 네 번째 답사 장소인 옛 아사노 조선소 앞에 도착했다. 모두 10분 안쪽에 있는 거리였으나 질의응답이 많아선지 시간은 빠르게 흘렀다. 옛 조선소 터는 100년이 지난 까닭에 아예 흔적이 없었다. 항만도로는 가지런히 뻗어 있고 물류 창고 같은 대형건물이 번듯하게 자리를 잡았다. 바닷가 바로 앞이어서 맞바람에 짙은 소금기가 풍기고 한낮의 햇빛은 파도를 지그시 누르고 있었다.

오전 11시부터 네 시간이나 이어진 (점심시간을 빼도 세 시간 넘는) 현장답사에도 야마모토는 지친 기색이 없다. 답사가 끝나면 요코하마역의 한 찻집에서 평가회까지 예정되어 있는데 술렁술렁 넘어갈 기미가 안 보였다.

"'조선인은 빨치산이다. 조선인은 사회주의자다'라는 선언이 군대로부터 나왔습니다. 이렇게 주민을 선동했습니다. 간토 조선인 대학살은 식민지 전쟁을 일본 내에서 조선인을 상대로 벌인 것입니다."

옛 아사노 조선소 터에서 나온 야마모토의 이 언급은 의미심
장하다. 그가 쓴 논문에도 나온 내용인데 이 선언은 1923년 당시
일본 군부와 군인의 의식을 적나라하게 보여 준다. 나카츠카 아
키라(中塚明)가 쓴 『동학농민전쟁과 일본』에는 어느 병사의 진중일
지가 펼쳐진다.

○ 전라도 장흥전투(1895년 1월 8~10일): 우리 부대가 서남 방면으로
   추격해서 타살한 농민군이 48명, 부상한 생포자는 10명이었다.
   숙사에 돌아와 생포자는 고문한 다음 불태워 죽였다
○ 전라도 나주전투(일자 불상) : 나주성에 도착하니 성 남문에 가까
   운 작은 산에 시체가 쌓여 산을 이루고 있었다. 붙잡아 고문한 뒤
   에 죽인 숫자가 매일 12명 이상을 넘었다.

동학농민군 토벌 작전을 편 일본 군대가 당시 농민군을 어떻
게 도륙했는지를 보여 주고 있다. "고문하고 불태워 죽였다"는 문
장에 눈길이 가지 않을 수 없다. 1920년 10월 임시정부 계열에서
발행하는《진단(震壇)》에 나온 기사를 보자.

10월 29일 일본군 수백 명이 돌연 연길현(延吉縣) 세린하(細鱗河) 방
면에 이르러 한인(韓人) 가옥 수백 호에 불을 질렀다. 총살된 한인이
대단히 많았다. 또 다음 날 오전 8시 30분 연길현 거리에서 약 2리
떨어진 모산(帽山) 동남 청구촌(靑溝村) 부근의 한인 부락 70여 호에
일본군이 불을 질렀고 모두 500여 발의 총탄을 발사해 그 마을을

포위·공격했는데 마을 거주 한인 300여 명 중 다행히 숨은 사람은 거우 45명뿐이고 기타 남녀노소는 불타 숨지거나 총상을 입었다. 닭, 돼지조차 살아남은 것이 없이 시체가 나뒹굴어 땅을 메우고 피가 흘러 내를 이루니, 보는 사람이 눈물을 흘리지 않을 수 없었다.[7]

봉오동·청산리 전투 후 일본이 간도에서 일으킨 군사행동은 독립군만이 아니라 이렇게 민간인도 대상으로 삼았다. 3·1운동 탄압 때도 마찬가지였다. 수원 제암리에선 1919년 4월 15일 아리타 도시오(有田俊夫) 중위가 시위도 하지 않은 신자 약 20명을 교회당에 모이게 하고 출입문과 창문을 모두 잠근 뒤 집중사격을 했다. 또 증거를 인멸한다고 교회당에 불까지 질렀다.

이런 예에서 보듯 일본군은 조선인을 탄압하는 데 무장저항세력이냐 아니냐를 구분하지 않았다. 조선인은 모두 불령선인이고 빨치산으로 간주했다. 조선인의 저항에 대해 증오심과 적개심이 충만했다. 야마모토 스미코의 언급은 이러한 일본 군대의 행동과 의식을 정확히 짚은 것이다.

이는 자경단도 마찬가지였다. 자경단은 결코 순수한 의미에서 자경, 방범이나 방재를 위한 조직이 아니었다. 퇴역군인이 주도하는 사실상의 민간경찰조직이었다. 일본이 조선 지역에 상주하는 조선주차군을 설치할 때 대부분 동일본 지역에서 징병해 제19사

7 『관동대지진과 조선인 학살』에 수록된 강덕상의 논문 「한일관계와 관동대지진의 역사적 의의」에서 재인용.

단과 제20사단을 만들었다. 제19사단은 함경북도 청진에 본부를 두고 간도 일대에서 독립군과 맞섰다. 당연히 이들은 제대할 때 '불령선인'이란 이미지, '조선인은 빨치산'이란 의식을 지닌 채 도쿄, 사이타마, 가나가와 등지의 고향으로 돌아갔다.[8] 바로 이 지역들이 간토대지진의 주요 피해 지역이었다. 이 퇴역군인은 자경단이 만들어질 때 재향군인회에 소속되어 자경단의 의식과 행동을 주도했다. 군대에서 길러 온 조선인에 대한 적개심을 마음껏 드러내며 자경을 명분으로 살인에 나섰던 것이다.

조선인은 항상 감시의 대상이었다

야마모토는 조선소 터에서 오랜 시간 "조선인은 빨치산이다"라고 선언한 군대의 의식을 설명하고 이곳에서 48명의 조선인이 살해된 경위를 들려주었다.[9]

> "아사노 조선소에서 매립 작업을 하고 있는 조선인이 단체로 학살당한 것은 그곳에 조선인이 있다는 것을 알았기 때문입니다. 그걸

일
본
을
위
해
서
조
선
인
학
살
의
책
임
을
묻
다

8　『한국과 일본, 역사 인식의 간극』(와타나베 노부유키, 이규수 옮김, 삼인) 135쪽에서 인용.

9　이재조선동포위문반의 조사에 따르면 이곳에서 48명이 학살되었다. 이는 "요코하마 아사노 매립지에서 50여 명 살해…"라는 1923년 10월 22일자 《후쿠오카 니치니치(福岡日日新聞)》(현재 《니시닛폰신문》)의 보도를 통해서도 확인된다.

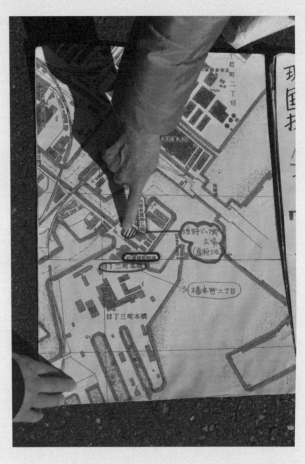

야마모토 스미코가 손가락으로 가리킨 곳이
옛 아사노 조선소 터이다.

잘 아는 것은 누구일까요? 경찰입니다. 가나가와현 경찰은, 1923년 7월 1일에 특별고등과를 설치했습니다. 도베(戸部) 경찰서는 2일 아침 곧바로 조선인이 일하고 있는 작업소나 기업, 함바(노동자 합숙소)를 정찰하러 나갑니다."

조선인은 이처럼 치안의 대상으로 항상 감시를 받았다.[10] 유언비어가 있었기 때문에 정찰하러 간 게 아니라 특별고등과가 언제나 조선인을 매섭게 노려보고 있었고 그런 까닭에 마치 겨누고 있던 듯 한 곳에서 집단으로 학살된 것으로 보인다는 설명이다.

그렇다면 이들은 어떤 식으로 학살당했을까? 요코하마에서 벌어진 학살에 대해 가장 생생한 증언을 남긴 다바타 기요시(田畑潔)는 아사노 조선소에서 멀리 떨어지지 않은 나카무라초(中村町) 주위에서 벌어진 일을 기록으로 남겼다. 이를 통해 조선소 터의 비극도 헤아려 볼 수 있을 것이다.

요코하마의 나카무라초 주변은 저급 숙박업이 밀집해 있는 지역이었다. 이러한 시설에는 조선인 노동자들이 많이 살고 있었는데 적어도 수백 명은 있었다고 생각된다. 이 근처의 친구 집을 방문하

---

10 강재언이 펴낸 『재일1세의 기억』(도서출판 문)에는 "민족 수난의 날들"이란 제목으로 백종원 회고담이 나온다. 그는 1942년 3월 가나자와 제4고등학교에 들어갈 때 사진 넉 장을 제출했다. 일본 학생은 두 장만 제출했는데 조선인 유학생은 현청과 특별고등경찰에 보낼 두 장이 더 필요했기 때문이다. 이는 특별고등경찰이 유학생과 조선인을 어떻게 감시했는지를 보여 주는 예다.

러 가는 길에 지진을 만난 나는, 조선인 학살의 실태를 자세히 목격한 셈이 되었다. (중략)

네기시바시(根岸橋) 옆에 (중략) 요코하마 형무소가 있는데, 지진 통에 그 콘크리트 벽이 무너져 죄수가 일시 석방되었고 그 죄수들 700~800명의 힘도 가세해 수색대가 만들어졌다. 그들은 마을을 샅샅이 수색하고 다니며 밤을 새고 사냥을 계속했던 것이다. (중략) 조선인을 빙 둘러싸고 아무 문답 없이 손에 손에 들고 있는 죽창, 삽으로 조선인의 몸을 괴롭힌다. 그것도 단숨에 싹 해치우는 게 아니라, 모두가 각각 흠칫거리며 하기에 더 잔혹하다. 머리를 치는 자, 눈에 죽창을 찔러 세우는 자, 귀를 쳐서 떼어 내는 자, 등을 두드려 패는 자, 발등을 베어 찢는 자 …… 조선인의 신음 소리와 소리 지르며 욕을 하는 일본인의 성난 소리가 섞여, 이 세상의 것이라고는 생각할 수 없을 정도로 처참한 장면이 전개되었다.

이렇게 고통을 줄 대로 준 후에 죽은 조선인의 시체를 구라키바시(倉木橋)의 둑가에 죽 늘어놓고는 강 쪽으로 뻗은 벗나무의 작은 가지에 매단다. (중략) 그래도 아직 숨이 붙어 있는 이에게는 매단 채로 다시 린치를 가해 …… 사람이 할 짓이라고는 생각할 수 없는 지옥의 형장이었다. 완전히 죽은 인간은 매달린 줄을 잘라 강 속에 떨어뜨린다. 강 속은 몇백 구나 되는 시체로 가득하고 어제까지 푸르렀던 물은 새빨간 탁류가 되어 버렸다.[11]

---

11 《시오(潮)》 1971년 9월호 98~100쪽. 여기선 『민중의 책임』 228~229쪽에서 재인용했는데 약간 내용을 줄였다.

아마 조선소 터의 학살 장면도 이와 다르지 않았을 것이다. 조선인의 주검은 어떻게 됐을까? 나카무라초의 시체처럼 요코하마 바다로 떠내려 갔을 터이다. 조선인 사체가 많아 바다를 걸어서 갈 수 있을 정도라고 했으니 요코하마의 바닷물은 핏물과 흩어진 살점에 검붉어졌고 피비린내가 가득했다.[12]

야마모토의 설명이 끝나고 나서 우리 답사반은 아사노 조선소 앞 검푸른 바다에 국화꽃 한 송이씩을 던졌다. 먼바다 어디선가 100년 전 조선인의 영령이 손짓하는 듯하다. 영가라고 하던가? 원한이 많아 구천으로 가지 못해 떠도는 영혼을. 울부짖음과 아우성이 물마루를 타고 밀려오는 듯했다. 제대로 씻김굿을 해 그 한을 풀어 드려야 하는데 고작 국화꽃 한 송이로 시늉만 내는 것 같아 마음이 무거웠다. 야마모토와 함께 우리는 〈아리랑〉과 〈고향의 봄〉을 불렀다.

역사수정주의에 맞서서

아사노 조선소에서 떨어지지 않는 발걸음을 옮겨 이날 답사의 마지막 장소인 호쇼지로 향했다. 입구 돌계단엔 양쪽으로 아름드리

---

12 놀랍게도 학살 반년 후인 1924년 2월 10일 바다에 떠다니던 조선인의 시신이 폭풍 때문에 수백 구나 조선소 옆 고야스(子安) 어시장에 떠밀려왔다. 이는 1924년 2월 10일자 《야마토(やまと) 신문》에 보도되었다.

나무가 몇 길 높이로 솟아 있어 천년 고찰의 향기가 느껴졌다. 이 절을 답사 장소로 정한 까닭은 가슴 아픈 사연이 서려 있어서다.

1910년 일본으로 건너간 조선인 이성칠은 1923년의 학살에서 살아남았고 숨져 간 동포를 위해 무엇을 할까 고민한다. 그는 가나가와현에 있는 여러 절을 찾아다니며 조선인을 위해 9월 1일에 기도를 바쳐 달라고 부탁한다. 모든 절에서 마다했는데 오직 호쇼지의 주지 사에키 묘치(佐伯妙智)만이 그의 애원을 받아들였다. 이런 인연으로 이성칠은 이 절에 1924년 9월 1일자로 '학살 조선인 제령위'라는 위패를 바쳤고 그 후 호쇼지에서는 해마다 9월 1일에 조선인을 추도하는 기도식이 열렸다. 이런 인연으로 재일본대한민국민단에서 1970년 9월 1일 이 절에 '간토대지진 한국인 위령비'를 세웠다. 비문에는 "간토대지진에 의해 직접 혹은 간접적 피해를 받아 허망하게 이슬로 화했다"고 적었는데 '학살'이라고 쓰지 못했던 당시의 아픔과 고뇌가 읽힌다.

호쇼지 경내로 올라가는 층계는 가팔랐다. 천천히 한 계단 한 계단을 올라 야마모토 선생은 절 입구의 왼쪽에 있는 추도비 앞에 서자 자신이 힘들었던 얘기를 들려주었다.

"1990년대부터 '역사수정주의'가 나타나면서 학살은 없었다는 얘기가 퍼지기 시작했어요. 조선인을 도운 일본인도 많았고, 일본인도 피해를 입었다는 주장이 널리 퍼졌어요. 처음엔 말도 안 되는 얘기라고 코웃음 쳤는데 일본 사회에서 이 목소리가 힘을 얻게 되었어요."

호쇼지 경내 한국인 위령비 앞에서 선 야마모토.

오전 내내 설명을 할 때는 카랑카랑하고 단호한 목소리였는데 일본의 변화된 현실을 얘기할 때 선생 목소리는 사뭇 잦아들었다. 표정도 눈에 띄게 무거워 보였다. '새로운 역사교과서를 만드는 모임' 같은 역사수정주의 세력이 나타나고 아베를 비롯한 극우파가 자민당을 움켜쥐면서 이들의 압력으로 교과서가 수정되었다. 조선인 대학살을 놓고 '학살'이 '살해'나 '수난'으로, 학살의 책임자가 '군경'에서 '자경단'으로, 살해된 숫자도 수천 명에서 '○○ 명' 같이 모호하게 바뀌었다. 그뿐 아니었다. 일본의 한반도침략이 진출로 바뀌고 강제동원을 부정하고 거리에선 헤이트스피치와 혐한 발언들이 쏟아져나왔다. 야마모토는 그런 역사의 변화가 당혹스러웠고 어떻게 받아들여야 할지 힘들었다며 수정주의에 대한 경계심을 가져야 한다고 말했다.

효쇼지에서의 일정을 끝으로 이날 현장답사를 모두 마쳤다. 야마모토와 실행위원회의 다른 사람들 그리고 우리 답사팀은 추도비 앞에서 기념사진을 찍고 요코하마역 앞의 한 찻집으로 자리를 옮겼다. 가나가와현 실행위원회에서 준비한 따뜻한 녹차를 마시며 2월의 찬 기운에 움추렸던 몸을 녹였다.

사죄가 없다면 불행은 반복됩니다

차 한 잔을 다 마실 때쯤 나는 답사시간에 채 못했던 질문을 머뭇거리며 던졌다. 2023년 간토 조선인 대학살 100주기에 대한 가나가와현의 계획이 무엇인지? 또 100주기 이후는 어찌할 셈인지? 사실 이런 질문은 조심스러웠다. 한국에는 이 아픔을 기리는 자그마한 추도물 하나 없는 마당에 이런 질문을 할 자격이 있을까 하는 생각 때문이었다.

야마모토는 100주기와 관련한 질문에 다소 뜸을 들이더니 조심스레 말했다.

"100주년을 맞아 가나가와현 실행위원회 회원의 바람은 지금 모임을 사단법인으로 만들고 작은 추도비를 세우는 것입니다. 그리고 그동안 모은 자료를 하나의 보고서로 발간하고자 합니다."

실내여서 그런지 바깥의 학살지 방문 때보다는 조곤조곤한 목소리였지만, 다짐하듯 가나가와현 실행위원회 차원의 추도비 설립에 의지를 보였다. 그는 녹차를 한 모금 삼키면서 경상북도 거창군과 전라남도 신안군에 가서 유족 2세, 3세를 만나본 적이 있다며 중국의 유족연합회처럼 한국도 유족이 뭉쳤으면 좋겠다는 바람을 조심스럽게 내비쳤다.

야마모토가 정년퇴직을 한 건 2000년. 역사수정주의의 대두로 기운이 빠졌지만 그는 첫 마음으로 돌아가 퇴임 한 해 전인 1999년 요코하마 우시오다 소학교에서 '쓰루미(鶴見)구 어린이회'를 만든다. 조선인 학생 수가 줄어들어 여름학교를 계속할 수 없자 그는 소속 학교에 상관없이 조선인 어린이를 모으고 지역 소학교 교원을 참여시켜 이 모임을 발족시킨 것이다.

쓰루미구 어린이회는 매주 토요일에 만나 연극, 시낭송 등 다양한 놀이를 했다. 조선인 아이들에게 자이니치 1세에 해당하는 할머니, 할아버지의 생애와 일본으로 오게 된 과정을 듣고서 이를 그림으로 그려 선물하라고 한 일은 감동을 주었다. 손주로부터 그림을 받아든 할아버지, 할머니의 눈에 눈물이 그렁그렁 맺혀 그치지 않았다.

야마모토는 여기서 같이 활동하던 교사들에게 다시금 조선인 대학살에 대해 연구와 추도 활동을 해 보자고 제안했다. 뜻을 같이하는 사람과 묵묵히 증언과 증거를 수집해 역사수정주의에 맞서려면 부정할 수 없는 진실을 모으는 길밖에 없다고 생각했기 때문이다.

조선인들이 도망갔기 때문에 어른들은 모두 쇠막대기를 들고 조선인 정벌에 나섰습니다. 그리고 감옥 간수들은 총으로 쏘거나 쇠막대기로 조선인들을 굴려서는 감옥 앞의 바다에서 떠내려 보냈습니다.

—스기다니 이사(杉谷伊佐)

조선인 300명 정도가 불을 지르러 혼모쿠(本牧)에 왔다고 했다. 말을 걸어 대답하지 않으면 조선인으로 보고 죽여도 된다는 전달이 있었다. 모두 주의하라.

—오노 후사코(小野房子)

전봇대에 밧줄로 손이 뒤로 묶인 조선인 시체를 목격했다. 피범벅이었다. 가족들은 말없이 지나쳤다. 그 후 가족들 중 이날의 일을 입 밖에 꺼내는 일은 없었다.

──미상(당시 소학교 2학년),《아사히신문》, 1993년 8월 31일

이렇게 차곡차곡 증언과 자료를 모았고 이를 토대로 야마모토 스미코는 「요코하마에서 간토대지진시 조선인 학살」이라는 논문을 쓴 것이다.

야마모토는 2012년 9월 1일 구보산(久保山) 추도비 앞에서 재일 조선인 등 다섯 명을 모아 '간토대지진 때 조선인 학살 사실을 알고 추모하는 가나가와현 실행위원회' 결성을 다짐한다. 이곳을 택한 까닭은 이 비가 지닌 사연 때문이다. 야마다 쇼지는 그의 책 『민중의 책임』 55쪽에서 이를 소개했는데 간추리면 이런 사연이다.[13]

이시바시는 1915년 7월 18일 요코하마시에서 태어났는데 간토대지진 당시 소학교 2학년이었다. 그는 9월 3일 네기시 방면으로 피하려고 후쿠토미초(福富町)에 있던 집을 나서던 길에 구보산에서 피투성이가 된 채 반나체로 전봇대에 묶여져 있는 조선인의 사체를 보게 되었다.

그는 이를 잊지 못하다가 1970년대에 접어들어 당시 아스카타 이치오(飛鳥田一雄) 요코하마 시장에게 지진으로 숨진 이들이 묻혀 있는 구보산 묘역이 망가진 상태이니 이를 수리하고 학살된 조선인의 추도비를 세워달라고 요구했다. 여러 번 편지를 보낸 끝에 묘

일본을 위해서 조선인 학살의 책임을 묻다

13 『민중의 책임』 55쪽 참조.

역 정비는 이루었으나 조선인에 관한 요청은 거부되었다. 이때 이시바시는 홀로 추도비를 세우기로 마음먹고 시 당국의 이해를 얻어 1974년 구보산 묘역 한켠에 추도비를 세웠다. 그때 이시바시는 59세였다.

야마모토 스미코는 이 뜻깊은 장소에서 2013년 9월 1일 가나가와현 실행위원회를 결성했다. 한 40명 정도 오겠거니 생각했는데 60명 이상이 모여 풍성한 자리가 되었다. 그 후 2014, 2015년 아베가 집권하면서 많이 위축될 거라 생각했는데 뜻밖에도 회원은 계속 늘었다. 가나가와현 인권센터와 요코하마 YMCA가 합류하면서 실행위원회는 더욱 튼튼해졌다.

모임에 참여하는 사람이 많아지면서 개인은 3,000엔, 단체는 5,000엔의 연회비를 내는 규정을 마련했다. 1년에 한 번 총회를 열어 대표지명 선거위원을 뽑고 여기서 대표를 선출하는 체계도 갖췄다. 야마모토는 초대부터 지금까지 10년 넘게 장기집권(?)을 하고 있다.

2022년 코로나 이후 3년 만에 처음 가진 행사에는 150명 정도 되는 사람이 모여 회원 모두가 놀라워했다. 실행위는 그동안 역사의식이 있는 사람만이 아니라 일반 시민이 더 많이 참여할 수 있게끔 학습회, 영화상영회, 시낭독회 등 다양한 활동을 펼쳐 왔는데 그 효과가 나타난 것이다. 한편 회원이 대부분 장년 이상인데 최근 요코하마의 조선학교 학생이 추도회나 현장연구모임에 자주 참여해 큰 활력소가 되고 있다.

야마모토의 마무리 인사말로 요코하마의 한 찻집에서 열린 평가회까지 끝났다. 박수를 치고 격려의 악수를 나눴다. 보고 들은 게 넘쳐나는 긴 하루였다. 우리 답사반은 숙소가 있는 도쿄로 가기 위해 JR선에 몸을 실었다.

차창 밖에는 요코하마의 검붉은 물빛이 가득했다. 50분을 달려 조선인이 많이 정착했다는 도쿄의 우에노역에 내리니 거리는 어느새 거뭇한 빛깔을 띠었다. 숙소로 걸어가는 길을 재촉하는데 야마모토 스미코의 마지막 말이 떠올랐다.

"나는 이 일을 조선인만을 위해서 하는 게 아닙니다. 일본인을 위해서 합니다. 사죄하지 않으면 불행이 반복되니까요."

간토특별법을
향하여

김종수

떠날 수는 없었다. 간토학살을 평생 연구한 강덕상 선생은
김종수를 'Mr. 간토'라고 부르며 격려했다. 조선인 학살의 증언을 찾고
학살지마다 추모비를 세우는 일본의 시민운동가들은
김종수를 만날 때마다 '고맙습니다'란 말을 빼놓지 않았다.

구학영은 스물여섯 살인 1921년, 살길을 찾아 일본으로 건너갔다. 울산에서 농사를 짓던 그의 집은 동양척식주식회사에게 땅을 빼앗겼다.[1] 농사를 지으면 소작료로 8할이나 벗겨 먹는 통에 아버지는 북간도로 떠나고 그는 현해탄을 건넌 것이다. 구학영이 자리 잡은 곳은 사이타마현의 요리이(寄居) 마을. 혼자 지낼 방을 구할 수는 없는 처지라 합숙소인 마시타야(眞下屋) 여관에서 살았다. 마을 사람들과 어울리려 노력하고 맹인 안마사 미야자야 기쿠지로(宮沢菊次郎)와 깊은 우정을 나누었다.[2] 구학영은 마을에서 엿을 팔았다. 천을 둘러 나무상자를 목에 매고 가위질을 했다. 그의 엿장수 타령에 골목이 들썩거리고 꼬마들은 입맛을 다시며 병아리처럼 따라다녔다. 대지진이 일어난 1923년 9월 1일도 그는 노래를 부르고 가위질을 했을 터.

<hr />

1. 동양척식주식회사는 1908년 일본이 한반도의 토지와 자원을 수탈하기 위해 세운 회사다. 동양척식주식회사의 소유지 면적은 1910년 약 11만 평방킬로미터에서 토지조사사업이 완료되는 1918년에는 약 7배인 80만 평방킬로미터로 늘어났다. 얼마나 조선 농민의 땅을 모질게 빼앗았는지 알 수 있는 수치다.

2. 김종수는 『엿장수 구학영』에서 구학영과 미야자야 기쿠지로가 수평사 모임에서 만났다고 서술하며 수평사를 아래처럼 소개했다. "수평사는 일본에서 차별받는 사람들이 모여 사는 부락(部落) 사람들의 인권단체로서 1923년 3월에 인간의 존엄성과 평등을 제창하며 창립되었다. 조선에서도 1923년 4월 경남 진주에서 백정의 신분 해방 운동을 하는 조선 형평사가 조직되었다. 조선 형평사는 백정들의 신분 해방 운동 조직이었지만 양반들도 참여하여 한때 회원이 40만 명에 육박하기도 했다."

판다 판다 엿을 판다 얼렁뚱땅 파는 엿 지화장창 파는 엿

벤토 받고 떨어진 것 숟가락 몽댕이 부러진 것

영감할매 싸움하다 담배꽁초 부러진 것

쫀득쫀득 찹쌀엿 노긋노긋 호박엿 울릉도 호박엿

판다 판다 엿을 판다

일본에 간 지 2년이 되었으니 더듬더듬 일본말로 했을까? 아니
면 울산의 바닷가 억양을 담아 조선말 그대로 불렀을까? 안타깝게
도 구학영은 9월 6일 싸늘한 주검이 된다. 사이타마현의 고사카 마
사야스 내무부장이 자경단을 만들라고 시·정·촌에 지시를 내리자
구마가야, 혼조, 진보하라, 요리이 등 여러 곳에서 자경단이 결성되
었고 이들은 핏발 선 눈으로 조선인을 찾아다녔다.

　구학영은 이런 분위기가 두려워 미야자야의 도움을 받아 쇼주
인(正寿院) 절에 숨었다. 그러나 이곳도 안심할 수 없었다. 구학영
은 차라리 경찰에게 보호를 요청하는 게 낫겠다 싶어 9월 5일 아
침 요리이 경찰분서를 찾아간다. 이 사실을 알고 요도무라(用土村)
와 하나조노무라(花園村) 자경단이 몰려들어 조선인 구학영을 내
어 달라고 했다. 이들은 제지하는 경찰을 밀어내고 경찰서 유치장
으로 들어가 구학영에게 칼을 휘두르고 죽창으로 쑤셨다. 구학영
은 무려 예순두 곳이나 찔리고 베어 살점이 너덜거리는 채로 죽
었다. 그는 숨을 거두며 '벌 일본 무죄(罰 日本 無罪)'라는 피로 쓴 글
씨를 남겼다. "일본을 벌하라. 나는 죄가 없다"라는 뜻이리라. 미
야자야와 마을 사람은 그의 죽음을 슬퍼하며 쇼주인에 그의 묘비

를 세웠다. '조선 경남 울산군 상면 상전리 구학영 28세, 1923년 9월 6일 사망'이라고 똑똑히 새겼다.

이 가슴 아픈 구학영의 얘기는 100년의 시간을 뛰어넘어 2021년 『엿장수 구학영』이란 책을 통해 우리에게 전해졌다. 김종수 작가의 노력 덕이다. 그는 2008년 구학영 묘비를 참배하면서 알게 된 이 슬픈 사연을 어떻게든 세상에 전하고 싶었다. 김종수는 쇼주인에 전해 내려오는 이야기와 요리이 마을 사람의 증언을 모았다. 또 키타자와 후미타케(北沢文武)가 쓴 『다이쇼의 조선인 학살 사건』을 구해 읽으며 구상을 다듬었다. 2020년 12월 드디어 펜을 들어 2021년 3월에 아담하고 예쁜 창작집을 선보였다. 『엿장수 구학영』은 초판이 나왔는가 싶었는데 소리소문 없이 재판을 찍었다. 2022년 4월에 일본의 전망사에서 번역판을 냈고 현재 영어판 발간을 앞두고 있다.

처음 책을 낸 초보작가 김종수로서는 겹경사를 맞는 셈인데 어찌 보면 당연한 메아리다. 『엿장수 구학영』을 쓰는 데 걸린 시간은 두세 달에 불과했지만 2000년대 중반부터 간토대학살의 진상규명에 매달려 온 정성이 녹아 있기 때문이다. 이 책에는 온 가족의 마음도 담겼다. 불가리아에서 유학하며 정교회의 미술을 공부한 며느리 한지영 작가가 그림을 그리고 아내 조진경은 편집을 꼼꼼하게 챙겼다. 간토대지진을 주제로 성균관대에서 박사과정을 밟는 아들 김강산이 감수까지 했으니 이래저래 정성이 많이 들어갔다. 올해 100주기를 맞아 10쇄 나아가 100쇄를 찍고 제노사이드 아픔을 겪은 세계 여러 나라로 번역되었으면 하는 바람이다.

간토학살 진상규명 운동을 이끌다

김종수는 현재 '간토학살 100주기 추도사업추진위원회'[3]의 집행위원장을 맡고 있다. 작가로서 독자와 자주 만나야 하지만 정작 그의 가장 큰 소임은 따로 있는 것이다. 9월 1일을 전후해 100주기 추도사업을 치러야 하고 '간토대학살 진상규명과 피해자 명예회복을 위한 특별법' 제정을 이뤄야 하며 간토 유족을 지원, 일본 정부를 역사의 법정에 세워야 한다.

　김종수가 간토대학살의 진실과 만난 건 벌써 20년 가까이 되었다. 한신대학교를 나와 목사 안수를 받은 그는 청소년 교육에 관심이 많았다. 그는 뜻을 같이하는 사람들과 경기도 안성시 삼죽면에 대안학교인 아힘나평화학교를 세우고 교장 역할을 떠맡았다. 2006년 그는 한국과 일본 그리고 재일청소년을 초대해 일본 후지노모리에서 '미래의 역사를 써 가는 아이들이 되자'라는 평화캠프를 열었다. 그때 강사로 모신 분이 야끼가야 타에코(八木ヶ谷妙子). 그는 대지진 당시 10살이었는데 그때의 비극을 생생하

3　간토학살 100주기 추도사업추진위원회에는 1923한일재일시민연대, 민족화해범국민협의회, 6·15공동선언실천남측위원회, 강제동원 문제해결과 대일과거청산을 위한 공동행동, 겨레하나, 민족문제연구소, 시민모임 독립, 야스쿠니반대공동행동, 우리학교와 아이들을 지키는 시민모임, 일본군 성노예제 문제해결을 위한 정의기억연대, 민주노총, 한국노총, 지구촌동포연대 등 60여 개 단체가 참여했다. 이만열 전 국사편찬위원장과 민족문제연구소 임헌영 소장, 이해학 야스쿠니반대공동행동 한국위원회대표 등이 공동추진위원장을 맡았다.

게 기억했다.

"지진이 일어나고 며칠 지난 후였어요. 그날 아침 종이 울렸습니다. 당시 그 종은 나무 사다리 위에 달려 있었는데 그 옆에 얼룩진 메리야스 반팔을 입고 볕에 그을린 서른 정도 되어 보이는 사람이 사다리에 묶여 있었습니다. 그곳에서부터 묶인 사람을 선두로 공동묘지까지 10분 정도 흙길을 걸어갔습니다. 도착한 공동묘지에는 이미 구멍이 파져 있었는데 그곳에 소나무 한 그루가 있었습니다. 끌려간 사람은 눈가림을 당해 그 소나무에 묶였습니다. 사람들이 조선인을 어떻게 죽이는 것이 좋을지 얘기하고 있었습니다. 본인이 그것을 원했다고 했는데 그 사람은 총을 맞고 구멍에 매장되었습니다. 거기까지 보았을 때 너무나 가슴이 아파서 울면서 집으로 돌아갔습니다. 할머니한테 가서 '불쌍해서 눈 뜨고 볼 수 없어'라고 말하며 엉엉 울었습니다. 이것이 제가 목격한 사실입니다."

야끼가야는 이렇게 나라시노 수용소 부근 다카츠 마을에서 벌어진 학살을 또렷하게 들려주었다.[4] 그는 학살을 목격하고 꿈에서 자주 조선인 청년을 만났다. 청년은 무언가 말을 하려 했고 야끼가야는 무서워 도망치곤 했다. 그는 어느 해인가 야치요시 다카츠구의 간논지에서 열린 조선인 피학살자 추도식에 참석해 학살의 사실을 밝히고 그날 이후 일본 전역에서 조선인 학살을 증언해 왔다.

4   나라시노 수용소의 학살에 대해선 이 책 '오충공' 편에 자세히 나와 있다.

김종수는 평화캠프에 울려 퍼진 야끼가야의 강연에 사로잡혔다. 그는 간토라는 지역이 어딘지도 몰랐고, 학살도 모두 유언비어에서 비롯된 일로만 알았다. 그날 이후 김종수의 관심은 온통 '간토 조선인 대학살' 문제였다. 민주화운동으로 잔뼈가 굵은 자신이 이렇게 무심하고 몰랐다니 가슴이 무지근했다. 한국의 민주화운동 세력이 강제노동이나 일본군 성노예 문제와는 달리 이 사건의 실상을 너무나 모른다는 사실 또한 안타까웠다. 무언가 실마리를 잡고 싶은데 목사이고 대안학교 교장을 맡고 있는 상태에서 좀처럼 답이 나오지 않았다.

그러던 중 김종수는 2007년 5월, 도쿄 신주쿠 고려박물관에서 간토학살 전시회가 열린다는 소식을 아힘나평화학교 교사인 김령순을 통해 듣고 아내 조진경과 함께 일본으로 건너갔다. 전시장 벽면에는 지옥이 펼쳐져 있었다. 팔다리는 물론 목까지 없는 시신. 불에 그슬려 숯검정이 된 주검, 산처럼 쌓인 사체더미! 야끼가야의 증언을 듣고 더듬더듬 이런저런 자료를 보았지만 현장의 이미지를 본 건 처음이었다. 김종수는 전시장에서 곧바로 고려박물관 관장 면담을 요청했다. 그는 처음 만난 송부자 관장에게 "한국에서 전시할 테니 이 전시물을 빌려 달라"고 요청했다. 박물관 이사회는 듣도 보도 못한 김종수의 간청에 저녁부터 깊은 밤까지 긴급회의를 해 그의 의지를 받아들였다. 송부자 관장은 밤늦게 신오쿠보에 있는 김종수의 숙소를 찾아와 "어디에서 전시할 것이냐"고 물었고 김종수는 대한민국 국회에서 하겠다고 대답했다.

김종수는 귀국해서 바삐 움직였다. 그는 '올바른 역사교육을

김종수는 지난 십수 년간 끈질기게 간토대학살을 한국 사회에 알려 왔다.
구학영의 묘지 앞에 있는 김종수.

위한 의원모임'을 이끄는 유기홍 의원을 찾아갔다. 유 의원은 김종수의 전시회 개최 제안을 듣더니 "본업이 목사님이신데 외도를 하시네요"라고 농담을 던지고는 기자회견과 심포지움까지 열자며 열의를 보였다.

2007년 9월 3일 11시. 유기홍 의원과 김종수는 일본의 고려박물관, 한국의 아힘나운동본부 등 한일 시민사회단체인사 20명과 함께 국회 기자회견장에서 아베 신조 총리를 향해 "간토대지진시 학살된 재일조선인의 명예회복과 한일진상조사단 구성을 촉구한다"라는 성명서를 발표했다. 오후에는 '재일조선인 학살 진상규명 및 명예회복'을 주제로 한일 국제심포지움을 열었다. 일본에서 건너온 야마다 쇼지, 강덕상, 간사이대학 대학원의 이은자 박사가 주제 발표를 했다. 김종수는 이날 국회 기자회견장에도 서 보고, 심포지움에 참석한 강덕상, 야마다 쇼지 같은 노학자와 일본의 시민운동가를 챙기느라 생애 잊지 못할 날을 보냈다. 이날에서야 비로소 '간토 조선인 대학살'은 대한민국 국회와 한국 사회에서 빛을 받았다. 어두운 장막을 찢고 세상으로 나온 사건이 되었다.

조선인 대학살 이후 일본 땅과 한국 땅 어디에서도 항의는 말할 것도 없고 추도조차 쉽지 않았다. 학살의 광풍은 조선인만이 아니라 일본의 사회주의자, 노동운동가, 중국인까지 겨냥했다. 1922년 결성되어 "식민지 조선을 해방하라"라는 슬로건까지 채택했던 일본공산당은 계엄령을 앞세운 군부의 탄압으로 조·일 노동자의 연대를 포기했다. 일본노동총동맹도 "조선인 노동자는 우리들의 형제이며 우리들의 전우다"라고 했으나 조선인 학살을 모른 체했다.

재일조선인은 박열의 체포에서 보듯, 학살을 모면했어도 거의 모든 선진 노동자가 요시찰로 감시되던 터라 검속을 피하기 어려웠다. 붙잡힌 사람은 특고의 심문을 받고 나라시노 수용소 등에서 손가락질 하나로 죽임을 당했다. 결국 간토 조선인 대학살은 일본 내 좌파운동과 노동운동에도 큰 타격을 입혔고 일본과 조선의 노동 자연대도 허물어트렸다. 학살이 잦아들고 추도와 항의 운동이 잠깐 고개를 든 적이 있었다. 하지만 조선인단체, 일본인 노동조합, 천도교 교우가 모여 집회를 열라치면 해산명령과 함께 경찰이 물밀 듯이 밀고 들어왔다.[5]

사정은 조선 땅도 다르지 않았다. 조선총독부의 감시와 회유에 이렇다 할 항의 운동을 펼칠 수 없었다.[6] 1945년 해방이 되고서도 형편은 마찬가지. 해방 후의 격동과 내전 속에서 진상규명은 말할 것도 없고 영령을 위로하는 일조차 하지 못했던 게 현실이었다.

2007년 김종수가 주도해 국회에서 이뤄진 이날의 행사는 1985년의 보화종루 건립[7]이라는 기림운동을 잇는 한편 한국 사회에서 진상규명을 촉구하고 일본의 국가범죄를 밝히는 시민운동이 출발하는 계기였다. 실제로 이 행사가 발판이 되어 2007년 11월, 도쿄에서 한국과 일본의 시민운동이 힘을 합해 '간토 조선인 학살의

---

5 재일조선인사회는 1945년 12월 7일 재일본조선인연맹과 조선건국촉진청년동맹이 주최한 박열 환영회에서 "조선인 학살에 대한 진상규명과 책임자처벌을 요구"하였다. 이때를 계기로 다시 진상규명에 대한 불씨가 살아났다.

6 조선총독부의 감시와 탄압에 대해선 이 책 '유족'편에서 자세히 서술했다.

7 보화종루 건립에 대해선 이 책 '천승환' 편에 상세히 나온다.

진상규명과 명예회복을 위한 한일재일시민연대'(한국 측 대표 김종수, 이하 '시민연대')를 만들었다.

　김종수는 한국신학대학교에서 기독교교육과를 마치고 성남 주민교회의 이해학 목사 밑에서 전도사로 일했다. 그곳에서 배운 게 협동조합과 공동체의 가치. 그 후 아내와 교육공동체를 꿈꾸며 성남 상대원동에 '신나는 놀이방'과 '푸른교실공부방'을 만들었다. 단칸방의 전세금을 빼 시작한 일이다. 10여 년이 흐른 어느 날 김종수는 에버하르트 뫼비우스가 쓴 『어린이 공화국 벤포스타』를 만난다. 그는 이제까지 아이들을 '교육의 대상'으로 바라보며 뭔가 해 준다는 접근이었는데 벤포스타를 만든 실바 신부는 "아이들 스스로의 힘으로"라는 신념이 확고했다. 그게 깨달음이 되어 그는 대안학교인 '아이들의 힘으로 만드는 나라', 아힘나평화학교를 설립했다. 아힘나학교가 있던 안성시 죽삼면 근처에는 마침 통일원에서 운영하던 탈북민 정착지원시설 하나원이 있었다. 김종수와 아내 조진경은 지역 축제를 기획하고 하나원의 탈북 청소년도 초청했다. 이들은 남북의 문화 차이에다 북한을 비난하는 증언을 하라고 불려 다니느라 힘든 상태였다. 축제의 인연으로 탈북 청소년이 아힘나에 학생으로 들어왔다. 그때부터 아힘나에서 북간도, 연해주, 사할린, 중앙아시아, 일본에 걸쳐 있는 한민족 유랑의 역사가 중요한 학습 주제가 되었다. 한국, 일본, 재일동포 청소년이 함께하는 아힘나평화캠프도 이런 역사공부의 일환이었다. 그리고 거기서 운명처럼 접한 야끼가야의 증언이 김종수를 간토학살 진상규명의 길로 이끈 것이다.

간토특별법의 좌절

김종수는 2007년 '시민연대'의 대표가 되어 운동의 방향성에 대해 깊은 고민을 한다. 일본 정부는 침략전쟁에서 저지른 모든 범죄처럼 조선인 대학살에 대해서도 책임을 부정했다. 최근 일본 의회에서 이뤄진 질문과 답변은 이를 잘 보여 준다. 2023년 5월 23일 입헌민주당의 스기오 히데야(杉尾秀哉) 의원이 국가공안위원장에게 "교과서에도 다수의 기록이 있고, 중앙방재회의 보고서도 있어요. 도쿄도도서관에도 국립국회도서관에도 있습니다. 100년, 이게 마지막이에요. 이 기회를 놓치면 영원히 할 수 없어요. 어때요?"라고 물었다. 다니 고이치(谷公一) 위원장은 "반복해서 말씀 드리지만 정부 내에서 사실관계를 파악할 수 있는 기록이 보이지 않으며, 추가 조사는 고려하지 않고 있습니다"라고 말했다.

이는 1923년 12월 14일, 무소속의 다부치 도요키치(田淵豊吉) 의원이 "1,000명 이상의 사람이 죽은 사건에 대해 사죄해야 한다"라고 연설하며 일본 정부의 책임을 추궁한 이래 오랫동안 되풀이되어 온 모습이다. 학살 범죄를 철저히 부정하는 일본 정부의 태도를 바꾸려면 한국 정부 차원의 공식 조사가 절실했다. 김종수는 2009년 제3차 학술심포지움을 위해 방문한 야마다 쇼지, 마에다 아키라, 다나카 마사타카와 함께 3월 27일 '진실과 화해를 위한 과거사정리위원회'(이하 진화위)의 위원장 면담을 추진했다. 진화위 측에서는 업무 범위에 '간토대학살'이 들어 있지 않다며 만남을 부담스러워했다. 어렵게 면담이 성사되어 진화위를 방문한 날,

김종수는 현관에서 막혔다. 그가 "진화위는 역사의 요청을 외면하고 몸을 사릴 뿐"이라는 비판 기사를 언론에 투고했기 때문이다. 할 수 없이 일본의 연구자, 활동가, 통역만 들어가 진화위 위원장과 얘기를 나눴으나 성과가 없었다.

이후 김종수가 추진한 것이 간토대지진 조선인 학살 사건에 관한 특별법 제정이었다. 이명박 정부에 이어 들어선 박근혜 정부의 성격을 볼 때 어떤 역할을 기대하는 건 소용이 없다고 판단했다. 그는 국회의 문을 두드리기로 했다. 특별법을 만들어 우리 정부가 일본에게 진상조사와 책임 추궁에 나서게 하고 피해자의 명예 회복과 유족 지원을 위한 방안을 마련하자는 뜻이었다. 특별법 제정 추진위원회를 만들고 2013년 국회에서 제정촉구 기자회견을 했다. 새정치연합 유기홍 의원과 임수경 의원의 노력으로 2014년 4월 7일 여야의원 103명의 서명을 받아 발의가 되었다. 희망이 보이는 듯했다. 하지만 이 법은 본회의에 오르지 못했다. 활동 연장이 필요했던 '대일항쟁기 강제동원진상규명위원회'와 조율이 필요했는데 의견 차이를 좁히지 못해 2016년 폐안이 되고 말았다.

특별법 제정이 좌절되자 김종수는 큰 고민에 빠진다. 지난 10년 가까운 노력이 물거품이 됐으니 이유야 어쨌든 상처가 컸다. 특별법 무산에 대한 책임 문제도 불거졌다. 여전히 그는 아힘나평화학교의 교장이기에 탈북 청소년이나 버림받은 아이들을 돌보는 일도 소홀히 할 수 없었다. 다 집어치울까? 아니면 교육운동에만 전념할까? 오랜 시간 방황했다.

떠날 수는 없었다. 간토학살을 평생 연구한 강덕상 선생은 김종수를 'Mr. 간토'라고 부르며 격려했다. 조선인 학살의 증언을 찾고 학살지마다 추모비를 세우는 일본의 시민운동가들은 김종수를 만날 때마다 '고맙습니다'란 말을 빼놓지 않았다. 재일동포들은 고국에서 애쓴다며 따뜻한 눈길을 보냈다. 김종수는 이런 성원을 생각하며 마음을 다잡았다. 그는 운동의 방향을 조정했다. 특별법 제정 사업을 잠시 뒤로 물리기로 했다. 박근혜 정부에서 특별법을 곧바로 재추진하기보다 시민의 힘을 하나씩 모아 가기로 했다.

김종수는 특별법 제정 운동 이전부터 하던 활동을 더 깊게 다시 시작했다. 간토학살 전시패널을 들고 어디든 달려갔다. 국회 의원회관과 오산, 안성, 군산시 등을 찾아갔다. 성남시는 당시 이재명 시장이 청사 로비를 전시장으로 내주어 보다 많은 시민을 만났다. 재일기독교 목회자, 한신대학교 학생을 데리고 학살지를 도는 역사기행을 이어갔다.

또 탁본 작업도 진행했다. 김종수가 기획을 맡아 지바현 마고메 위령원(묘지), 간논지의 추도비, 사이타마의 강대흥 묘비, 그리고 도쿄 아라카와 강변의 조선인 추도비 4기를 정했다. 전문가를 모았다. 김충현(한국학중앙연구원 박사과정), 어원선(한신대 박사과정), 김강산(성균관대 박사과정)과 한신대 탁본동아리 반장인 이우창(한국사학과 3학년)[8]이 참여했다. 탁본은 생각보다 쉽지 않다. 비석에 조그마한 티끌이나 진드기가 달라붙어 있으면 결과물이 깨끗하지 못하기에 말끔하게 제거하고 표면이 맨들맨들할 만큼 물로 닦아

---

8   이들의 직책은 2017년 탁본이 진행될 당시를 기준으로 표기했다.

야 한다. 그리고 겉면에 고루 한지를 댄 다음 먹물로 두드려 비문을 떠야 한다. 마고메 위령원의 추도비는 특히 어려웠다. 이 비는 재일조선인연맹 지바현 지부가 동포의 힘을 모아 1947년 3월 1일에 세웠다. 비문에는 "당시 야마모토 군벌 내각은 계엄령을 시행하고 사회주의자와 조선인이 공모하여 폭동을 계획 중이라는 근거 없는 말로 재향군인과 어리석은 주민들을 선동, 교사해, 사회주의자와 우리 동포를 학살했다"라고 학살의 주체가 분명히 적혀있어 의미가 큰 추도비였다. 그런데 높이가 3.1미터에 달했다. 지바에 있는 재일동포의 도움으로 사다리 두 개를 얻어 간신히 탁본을 마쳤다. 우리 땅에는 우리 손으로 세운 추도비가 단 한 기도 없음을 상기하는 작업이었다.[9]

진지가 될 1923역사관을 세우다

김종수는 2017년 들어 1923역사관을 세우는 작업에 착수했다. 계기는 예상치 못한 곳에서 찾아왔다. 안성에서 천안의 아우내재단 건물로 아힘나평화학교를 옮겨 왔는데 2017년 장마로 교실과 기숙사가 진흙에 잠겼다. 학교로 들어오는 산길마저 끊겨 잠시 휴교를 하고 이리저리 대책을 마련하려 뛰었으나 비인가 학교여서 어

9   천안 망향의 동산에 현재 유일하게 간토학살 추도비가 있지만 이 역시 사이타마 재일동포들이 세웠다.

떠한 지원도 받을 수 없었다. 겨울은 성큼 다가왔고 보일러마저 얼어 터져 교실과 기숙사는 거의 폐허가 되었다. 결국 아힘나평화학교의 문을 닫았고 오랫동안 뜻을 같이했던 교사들도 떠나게 되었다. 오도카니 남은 건, 전쟁이라도 겪은 것 같은 교실과 기숙사뿐. 이때 김종수는 이곳을 되살려 "간토대학살 진상규명 운동의 진지, 1923역사관을 세우자"라는 결심을 한다.

천안 시내에서 제법 거리가 있고, 대중교통도 닿지 않는 산 중턱인 게 흠이라면 흠이다. 하지만 동학농민군의 격전지였던 세성산이 가까이 있고 아우내만세운동 유적지와 유관순 생가터, 천안의 독립기념관이 30분 이내에 있으니 항일투쟁의 아픔을 배우기엔 좋은 터였다.

김종수와 조진경은 1923역사관 건립프로젝트를 들고 아우내재단과 성남주민신용협동조합을 찾아간다. 1년 6개월의 긴 협의 끝에 자금을 지원받아 손상된 건물을 2년에 걸쳐 고치고 다듬었다. 마침내 2020년 '기억과 평화를 위한 1923역사관'을 완공했다. 1층 로비에는 마고메 위령원에서 떠온 탁본을 높이 걸었다. 지하에는 작게나마 학살의 방, 증언의 방, 추도비의 방, 기억의 방 등 상설 전시실을 만들었다. 개관에 맞춰 일본의 뜻있는 연구자, 시민들이 일기와 증언집 관련 자료를 기증해 줘 상설 전시는 물론 기획 전시의 기반을 갖춰 가고 있다. 역사관은 앞으로 한국인의 손으로 세우는 첫 추도비도 계획하고 있고 평화의 소녀상 같은 조형물도 만들 생각이다.

김
종
수

1923역사관은 100주기 이후에도 계속 간토대학살을 기억하고
알리는 진지가 될 것이다. 역사관 앞에 선 김종수(맨 오른쪽)와
간토학살 희생자 유족들.

100주년을 맞아, 100주년을 넘어

김종수는 9남매의 막내다. 아버지는 일본으로 간 이주노동자 1세대다. 처음에 정착했던 곳은 규슈, 어느 함바에서 일을 했다. 어머니는 위안부 강제연행을 피해 아버지 사진 하나만 들고, 관부(關釜)연락선[10]에 올라 시모노세키에 내렸다. 어머니의 얘기에 의하면 일본에 살 때 동전이 집에 가득했단다. 당신이 일본어 한마디도 모르니 가게에 가건, 시장에 가건 언제나 종이돈을 내밀어 거스름 동전을 받아와서란다. 1945년 3월 일본 본토에 대한 공습이 시작되었을 때 김종수의 부모님은 고국으로 돌아왔다. 그때 부모님은 규슈에서 홋카이도까지 올라간 상태였고 거기서 귀국선을 탔다고 한다. 풍랑이 심하고 산처럼 쌓아 올린 짐을 배가 이기지 못하자 선장은 "짐을 버려, 살고 싶으면 애까지 버려"라고 소리를 질렀다. 김종수의 부모님은 이불로 첫째, 둘째의 입을 틀어막았다. 부산항에 내려 가장 먼저 확인한 것이 아이들의 생사였다고 한다.

그런데 어머니의 기억은 분명하지 않다. 도쿄대공습을 전후한 시기에는 관부연락선의 운행이 중지되었다. 시모노세키항 주변에 기뢰가 잔뜩 깔렸고 이를 뚫고 나간다 해도 미군 함정으로부터 어뢰 공격을 받았기 때문이다. 그렇다면 김종수의 부모님은 어떤 경로를 택했을까? 홋카이도의 하코다테항에서 작은 배를 타고 부산으로 왔을까? 그렇다면 1,000킬로가 넘는 동해를 가로질러 수십

---

10 부산(釜山)과 시모노세키(下關) 사이를 오가던 연락선.

시간을 가야 하는 죽음의 항해였을 터이다. 아니면 시모노세키까지 와서 기뢰를 뚫고 함포사격을 맞으면서 가는 또 다른 죽음의 항로였을까? 그것은 지금 알 수 없다. 김종수의 부친은 김종수가 세 살이 되던 1965년에 돌아가셨고, 어머니는 김종수가 간토학살에 관심을 가졌을 땐 이미 팔순이 넘고 기억도 깜빡깜빡 하실 때라 "홋카이도에서 배를 탔다, 선장이 짐을 버리라고 소리를 질렀다"는 토막 기억만 뚜렷했다. 김종수는 이것이 못내 아쉽다. 그의 부모님이 겪은 이주노동자 1세대의 삶을 남기지 못했다는 사실이. 고국에 돌아와 어머니는 남편과 사별하고 9남매를 건사하며 힘든 삶을 살았다. 눈을 감은 건 2011년 3월 11일, 묘하게 어머니는 간토대지진이 일어난 1923년에 태어나 동일본대지진이 일어난 날에 돌아가셨다. 김종수의 운명은 지진의 참화와 떼려야 뗄 수 없는 삶이었을까? 조선인 이주노동자 1세대의 아픔을 간직한 어머니의 삶이 야기가야 타에코의 증언과 함께 김종수를 이 길로 이끌었는지도 모르겠다.

김종수는 요즘 2023년 9월 1일 100주기 너머를 내다보며 "죽은 자의 권리를 기억하지 않는 사회는 산 자의 인권도 지켜 주지 않는다"라는 말을 자주 되뇐다. 그는 2003년 재일대한기독교회 주문홍 목사의 안내로 조선인 강제노동 현장 여러 곳을 둘러봤다. 그때 어느 탄광 유적 앞에서 '복권(復權)의 탑'을 만난다. 막장에서 죽은 조선인과 일본인 노동자의 빼앗긴 권리를 잊지 말자며 세운 탑이었다. 김종수는 이 자리에서 큰 감동을 받았다. 죽은 자의 권리를 잊지 말자는 얘기는 곧 산 자의 권리와 인권을 지키자는 얘기와 같기 때문이다.

멀고 험한 길을 20년 가까이 걸어왔는데 김종수에게 반가운 소식이 잇달아 들려온다. 2023년 3월 18일 사이타마현 치치부 고등학교에 다니는 아키이케 유즈 학생이 친구와 『엿장수 구학영』을 읽고 감명받아 낭독회를 열었다고 한다. 또 아들 김강산이 박사과정에 제출한 논문이 본심에 올랐다. 통과되면 우리나라에서 간토 대학살을 주제로 한 최초의 박사논문이 되는 셈이다. 그렇게 역사는 한 걸음 한 걸음 걸어가는가 보다. 죽은 자의 권리를 지키는 사회로. 산 자의 인권을 지키는 사회로!

미래의 평화를
준비하기 위한 싸움

_____

가토 나오키

가토 나오키는 이 과오를 정면으로 마주보고 반성하는 것이
일본의 역사를 바로잡는 첫걸음이라고 본다. 어제의 학살을 사죄해야
미래에 평화가 오기 때문이다. 가토의 글이 멈출 수 없는 이유다.

이시하라 신타로는 1999년부터 2012년까지 13년 동안 도쿄도지사로 있으며 망언 제조기라 불릴 정도로 혐오 발언을 쏟아냈다. 그는 2000년 4월 9일, 육상자위대 제1사단 창대 기념식에서 "재일외국인의 흉악범죄가 계속되는데 이런 상황에서 재해가 일어나면 소요가 일어날 수 있다"라고 하며 자위대 출동 필요성을 언급했다. 또 이 자리에서 조선인, 중국인, 대만인을 낮춰 부르는 삼국인이란 표현도 서슴지 않았다.

이시하라가 삼국인 발언을 할 때 가토 나오키는 이케부쿠로(池袋)에 있는 택배회사에 다니면서 문장 교정법을 배우던 참이었다. 매일 본사에서 전달된 엄청난 박스를 지역별로 분류하고 담당구역으로 배달을 나갔다. 그날도 땀을 흘리며 상자 정리를 하는데 회사의 라디오에서 이시하라의 음성이 들렸다. 바로 문제의 발언이었다. 가토는 자기 귀를 의심했다. 이제 취임 1년 된, 국제도시 도쿄도의 지사가 재일외국인을 차별하는 인종주의 발언을 하다니, 더군다나 군국주의 시설에 쓰던 용어를 공식 석상에서 사용하다니….

이시하라는 그 후 《마이니치신문》 등에 "소요 사건이 일어났을 때를 가정하고 육해공 삼군을 출동시켜 치안 대책을 맡겨야만 한다"라는 말까지 늘어놓았다. 가토 나오키는 이 문장을 읽으며 1923년 간토대지진 때 '조선인 습격설'을 내세워 군대가 출동했던 사실이 생각났다. 가토는 또 중국인 친구들의 얼굴도 떠올렸다. 그중에는 1995년 고베에서 지진이 났을 때 도쿄에서 그 먼 거리를 오가며 자원봉사를 한 친구도 있었다. 도쿄는 언제라도 지진이 일어날 수 있는 지역인데 이시하라 같은 힘 있는 정치가가 '외국인 소요'를 강조하고 인종주의 발언을 계속하면 어떤 상황이 벌어질지 알 수 없었다.

고베를 덮친 한신-아와지 대지진 때도 잠시나마 자경단이 등장한 적이 있었다. 실제로 가토의 친구 한 명은 피해 지역을 지나가다 야구방망이를 든 자경단에게 둘러싸인 적이 있었다. 2011년의 동일본대지진이나 2016년 구마모토 지진 때도 "조선인을 조심하라"는 말이 SNS에 떠돌기도 했다. 이시하라가 조장하는 인종주의가 확대되면 중국인 친구들이 자칫 위험에 빠질 수 있고 마음의 상처를 입을 것 같았다. 도쿄에 있는 많은 자이니치와 외국인이 위협을 느낄 것 같았다. 재해가 일어나면 약자에 대한 보호와 지원 대책이 필요하지 왜 치안 대책이 필요하단 말인가? 가토는 간토대지진 때로 역사를 되돌리는 이시하라의 언행이 못마땅했다.

거세지는 혐한 시위와 과거사 부정

가토 나오키는 도쿄의 신오쿠보에서 2012년과 2013년 재특회(정식 명칭은 '재일 특권을 용납하지 않는 시민 모임'이다)와 극우단체가 혐한 시위를 벌일 때 삼국인 발언을 들었을 적보다 더 큰 충격을 받았다. 참가한 사람보다 더 많은 수의 일장기가 흔들리고, 옛일본 군복을 입거나 프로레슬러 복장에 일장기를 두른 사람이 모여 "신오쿠보를 일본인의 손으로 되찾자"라고 외치며 한인타운에 있는 사람에게 욕을 퍼부었다. "착한 조선인도 나쁜 조선인도 필

신오쿠보의 험한 시위에 한일 양국의 시민사회는 크게 놀랐다.
시위대 중 한 명이 '조선인을 모두 죽여라'라는
노골적인 메시지가 담긴 푯말을 들고 있다.

요없다. 조선인은 모두 죽여라!"

"여러분 거리에서 한국 여자를 보면 돌을 던져도 강간해도 무방합니다."

나팔소리와 함께 행진이 시작되고 욱일기를 휘저으며 대열 곳곳에서 증오의 말이 넘쳐났다. 신고한 집회라고 이들의 시위는 경찰의 보호까지 받았다. '행동하는 여성'이라는 단체의 한 여자는 "코리아타운을 뭉개 버리고 가스실을 만들자"라는 말까지 했다. 이들의 시위에 신오쿠보에 있는 재일코리안은 생업에 타격을 받았다. 언제 어떻게 다가올지 모를 폭력에 몸을 떨었다. 이 난동의 현장에서 한 소년은 어머니의 손을 잡고 "친하게 지내요, 함께 살아요"라고 호소하면서 눈물을 흘렸다.

가토 나오키는 신오쿠보 거리에서 혐한 시위대의 모습을 보며 당황했고 소년의 눈물에 가슴이 아팠다. 이것만이 아니었다. 가토는 이들이 내건 현수막에 '불령선인'이라는 글자가 쓰여 있는 것을 보고 온몸이 움츠러들었다. 1923년 간토의 거리에서 불령선인이 주는 이미지에 사로잡혀 얼마나 많은 민중이 학살에 내몰렸던가? 그때 인종주의자와 민족차별주의자가 외친 말이 2010년대의 도쿄에 다시 등장한 것에 그는 가슴이 조여들었다.

가토 나오키는 1967년 신오쿠보에서 태어났다. 그가 자랄 때만 해도 한적했던 곳이 몰라볼 정도로 바뀌었으나 친구들과 추억은 남아 있다. 오래전부터 재일조선인이 많았던 동네이기에 중고등학교에서 자연스레 조선인과 우정을 나눴다. 유도를 잘했던 이 군은 활발한 성격 탓에 반에서 인기가 많았다. 가토도 그와 어울

리길 좋아했다. 앳된 목소리의 고 군은 사업을 하며 아마추어 재즈가수로 활동하고 있다. 지금도 연락을 하고 지낸다. 가토 나오키는 중학교 역사 시간에 일본이 조선을 식민지로 만들었다는 걸 알았다. 가토는 이 사실을 이 군이나 고 군도 배우며 마음이 상할 것 같아 안타까웠다. 가토는 자신이 1945년 이전에 태어나지 않은 걸 다행으로 여겼다. 그랬다면 조선인 친구와 지배자와 피지배자로 만났을 터이니 생각조차 하기 싫은 일이었다.

가토 나오키는 이런 추억이 어린 신오쿠보에서 증오 가득한 구호가 넘쳐나는 걸 두고 볼 수 없었다. 이러다 간토의 비극이 되풀이되지 않으리란 보장도 없었다. 재특회 같은 극우단체의 행동은 갑자기 일어난 게 아니었다. 아베를 비롯한 극우파가 자민당을 틀어쥐면서 일본의 역사는 거꾸로 흘러갔다. 아베는 2012년 과거사 3대 담화(미야자와, 고노, 무라야마)를 수정하겠다고 밝혔다. 2013년에는 법령을 고치면서까지 고교무상화정책에서 조선학교를 제외시켰다. 그는 또 국제사회의 반대를 무릅쓰고 야스쿠니신사를 참배했다. 역사수정주의가 세를 얻어 가고 이시하라나 아베 같은 극우 정치인의 행동을 보면서 재특회는 자신감을 얻고 행동에 나선 것이다. 신오쿠보의 시위는 우연한 일도 아니고 일부 극우단체만의 튀는 행동도 아니었다.

1923년 9월 도쿄의 거리를 되새기다

가토 나오키는 혐한 시위를 막는 항의 행동에 동참했다. 2013년 거의 매주 신오쿠보 거리에 나갔다. 인종주의 시위를 보고 충격을 받은 친구를 모아 '민족차별에 대해 항의하는 행동'을 만들었다. 그는 이시하라의 말을 듣고서 간토 조선인 학살에 관심을 가지고 관련한 글을 쓰겠다고 마음먹었으나 실행에 옮기지 못했다. 하지만 그는 그사이 문장 교정법을 배우고 출판사에서도 10여 년간 근무하며 가시마 주이치(鹿島拾市)란 필명으로 글을 써 왔다. 쑨원과 연대하여 신해혁명에서 세계혁명을 꿈꾼 미야자키 도텐, 빈민생활협동조합운동인 '개미의 모임'을 기록한 마쓰이 도로, 조선인 여성비행사 박경원 등 근현대사에 등장하는 인물에 대해 글을 발표했다. 신오쿠보의 시위를 보면서 가토 나오키는 글을 쓰겠다고 마음먹었다. 민족차별에 반대하는 친구들이 간토대학살에 대해서 잘 모르는 점도 가토 나오키를 분발하게 했다. 처음에는 책으로 내려고 집필 기획안을 만들었으나 받아 주는 출판사가 없었다. 카토는 책에 얽매이지 않고 우선 블로그(https://tokyo1923-2013.blogspot.com)를 운영하기로 했다. 조선인 학살이 벌어진 도쿄, 요코하마, 사이타마를 방문해 자료를 모으고 기록을 바탕으로 중계하듯 글을 써나갔다. 학살터의 현재 모습을 찍어 사진으로도 올렸다. 중국인이 학살당한 오지마초에는 지금 히가시오지마문화회관이 들어서 있다. 이를 사진으로 비교하면 역사의 무상함을 느끼면서 그날에 대한 기억을 붙잡아 둘 수 있지 않겠나 생각했다. 블로

그에 대한 반향은 예상보다 컸다.

"내가 사는 곳이 학살터였다니 놀랍다."

"이런 역사를 반성하지 않아 혐한 시위가 되살아났다"

이런 공감의 댓글이 달렸다. 2013년 9월 1일에 개설했는데 9월 말에 헤아려 보니 5만 5,000명이나 다녀갔다. 뮤지션, 작가들이 많이 공유했다. 혐한 시위에 반대하는 카운터스의 회원이 자주 방문해 여기저기 퍼 날랐다. 땀 흘려 걷고 치열하게 쓴 글이 혐한 시위를 막고 민족차별이 되풀이되는 것을 저지하는 데 도움을 주는 듯해 가토 나오키는 글 쓴 보람을 느꼈다. 입소문이 난 덕에 코로카라출판사로부터 책을 내자는 제안이 왔다. "5년에 걸쳐서 2,000부 정도 팔면 되겠거니" 하는 마음으로 받아들였다. 2014년 3월 『9월, 도쿄의 거리에서』(이하 『거리에서』)라는 제목으로 책이 발행되고 1년 만에 1만 부가 팔렸다. "90년 전의 이야기가 아니다. 지금의 이야기다"라는 소감이 많았다. 지금까지 9쇄를 찍고 2만 부가 팔렸으니 무거운 주제를 다룬 책치고는 대박을 터트린 셈이다. 한국에서도 2015년 갈무리출판사에서 이 책이 번역되어 한국 독자의 관심을 모았다. 블로그도 그렇고 책도 이렇게 호응받은 건 가토 나오키가 '현장'을 그리려 노력했기 때문이다.

합쳐서 다섯 명을 나기노하라의 산지기 무덤가에 구멍을 파서 앉힌 후 목을 베 죽이기로 결정. 첫 번째, 구니미쓰는 싹둑 훌륭하게 목을 잘랐다. 두 번째로 게이지는 우두둑, 힘을 줬지만 반 정도밖에 잘리지 않았다. 세 번째 다카지가 휘두른 칼에 목 피부만 조금

남았다. 네 번째 미쓰오는 구니미쓰가 벤 칼로 다시 훌륭하게 한 번에 베어 버렸다. 다섯 번째로 기치노스케는 힘이 모자라 반 정도밖에 자르지 못하고 두 번째 칼질로 마저 끝냈다. 구멍 속에 넣고 묻어 버린다.[1]

이 인용문은 가토가 야치요시 다카쓰에 살던 한 주민이 쓴 일기의 일부분을 가져온 것으로, 나라시노 수용소에서 조선인을 '받아온' 자경단이 얼마나 참혹하게 조선인을 죽였는지 보여 주는 장면이다.[2] 그렇다고 가토가 잔혹한 장면만을 보여 주려 한 것은 아니다. 그는 회고록, 증언집, 일기 중에서 1923년 9월을 생생하게 느낄 수 있는 장면을 주로 골랐다. 그는 역사가가 아니라 작가로서 다가가고 싶었다. 현재를 살아가는 일본인과 함께 1923년의 거리를 걸으며 같이 현장을 느끼려 했다.

미래의 평화를 준비하기 위한 싸움

1 『9월, 도쿄의 거리에서』 175~176쪽. 이 일기는 여러 책에서 인용하고 있는데 강덕상 『학살의 기억』에서는 292쪽에 나온다. 다섯 명의 이름 중 세 번째, 다섯 번째의 음독이 다르게 서술되어 있다. 다카지(高治)를 『학살의 기억』에서는 고지로, 기치노스케(吉之助)를 요시노스케로 읽었다.

2 이 책 '오충공' 편에 조선인이 나라시노 수용소로 잡혀가는 배경과 불하되어 살해당하는 과정을 상세히 설명했다.

과거의 비극에 공감한 자이니치들

가토 나오키는 책이 나온 다음 일본 땅 곳곳을 다녔다. 한 달에 한 번꼴로 강연이나 독자와 대화 자리가 이어졌다. 코로나 기간은 뜸했으나 100주기를 앞둔 요즘은 다시 늘었다. 가토는 독자와 만나면서 자이니치의 감상을 많이 접했다. 그는 본래 일본인의 역사 인식을 바꾸고, 혐한 시위에 맞서겠다고 책을 썼다. 자이니치가 어떻게 책을 읽을까는 그리 비중을 두지 않았다. 그런데 강연을 나가 보면 많은 자이니치가 자리를 메웠다. 한결같이 당시 조선인이 불쌍하다, 가슴이 먹먹하다며 입을 열었다.

"이 책을 끝까지 볼 수 없었다. 머리가 깨져 죽는다는 건 상상만 해도 무섭다."

"그냥 죽임을 당한 게 아니라 반격에 나선 조선인이 있었나요."

가토의 마음에 오랫동안 남은 감상과 질문이었다. 자이니치에게 간토대학살은 결코 오래전 할아버지 세대가 겪은 일로만 여겨지지 않았다. 1945년 이후 80여 년 동안에도 일본 사회에서 조선인을 향한 차별과 조리돌림은 여전했다. 600여 개에 달했던 조선학교는 1948년 느닷없이 폐쇄조치를 당했다. 일부 학교는 다시 재건되었지만 민족교육은 가시밭길이었다. 조선학교 학생은 JR정기통학권의 할인 혜택을 받지 못하고 조선학교 졸업생은 대학 입학시험에 응시할 자격이 주어지지 않았다. 고교무상화 정책이나 유치원·보육원 무상화 정책에서도 제외되었다. 이뿐만이 아니다. 스쿨존 설치도 불가능하고 조선학교에 기부를 해도 세금 감면을 받을 수 없었다. 일상생활도 위험했다. 조선학교 학생의 치마저고리가 칼질을 당하니 또 다른 교복을 입어야 했다. 2009년 재특회는 교토의 조선제1초급학교 정문에서 "조선인은 물러가라, 스파이의 자식들"이라고 외치며 어린 학생에게 상처를 주었다. 2021년에는 재일조선인 집단거주지인 우토로마을에 일본 청년 아리모토 쇼고가 불을 지른 일도 일어났다. 이런 상황이니 자이니치는 『거리에서』를 오래전 일이 아니라 지금 겪고 있는 현실로 받아들였다. 이들의 감상과 질문은 가토 나오키를 더욱 성숙하게 만들었다.

허울뿐인 차별금지법

가토 나오키가 『거리에서』를 쓴 이후 신오쿠보에서 혐한 시위는 잦아들었다. 가토를 포함해 일본의 시민사회가 움직인 덕이다. 특히 카운터스(혐한 시위를 막기 위해 SNS를 매개로 모인 다양한 시민들의 모임)가 펼친 포위 행동은 대단했다. 재특회에 맞서는 시민모임이 처음 거리에 나섰을 때 그 수는 십수 명 정도였다. 나중에는 2,000명까지 불어나 혐한 시위대를 포위하듯 에워쌌다. 혐한 시위대는 기가 죽었다. 이런 흐름을 타고 일본에서는 2016년, 차별금지법인 '헤이트스피치 해소법'(이하 해소법)이 만들어졌다. 이 법률은 "일본에 거주하는 외국 출신자와 그 자녀에 대한 차별 언동은 용인되지 않는다"라고 못을 박았다. 이에 발맞춰 도쿄도와 오사카시 같은 지자체도 같은 취지의 조례를 만들었다.

해소법 제정 이후, 재특회나 극우파가 합법 집회나 행진을 하기는 쉽지 않아졌다. 그러나 '해소법'에는 벌칙규정이나 금지규정이 없다. 2017년 전직 총리인 아소 다로는 "한반도에서 전쟁이나 재난이 발생해 다수의 한국인 피난민이 일본으로 오게 될 경우 사살이 답이다"라는 발언까지 했다. "창씨개명은 조선인의 희망에 따라 이루어졌다"는 그의 말은 이에 비하면 양반이다. 아소 다로나 아베 같은 전현직 총리가 자민당을 극우로 이끌고 일본 사회 전체를 군국주의 시절로 되돌리니 해소법은 눈 가리고 아웅격이었다. 정치만이 아니라 기업계에서도 극우 발언이 팽배했다. 해소법이 만들어지기 전이지만 후지주택은 2013년부터 2년간 "한국인은 짐승 같다. 자이니치는 죽어야 한다"라는 사내교육용 문서를 배포하고 이를 문제 제기한 재일동포 3세 사원을 사내에서 따돌리고 괴롭혔다. DHC의 회장 요시다 요시아키는 "일본으로 귀화하면서 일본을 욕하는 불순 무리의 재일집단이다"라고 조선인을 흥보는 발언을 자사 홈페이지에 내걸었다. APA호텔의 모토야 도시오는 일본군 위안부와 난징대학살을 부정하는 책을 직접 쓰고 객실에 비치해 혐한을 조장했다. 해소법은 일본 시민사회의 승리이지만 극우로 변해 가는 일본의 흐름을 막기엔 너무나 연약했다.

간토 조선인 대학살의 진상을 규명하려는 운동에도 이 여파는 밀어닥쳤다. 이전까지 우익이라도 학살 자체는 인정했다. 그렇지만 이제 극우는 "6,661명이 학살된 근거가 뭐냐? 학살은 없었다"라고 목소리를 높였다. 극우는 또 "당시 조선인이 나쁜 짓을 해서 일본인이 대응했으니 일본은 죄가 없다"고 주장하며 당시 신문 기사를 근거로 들었다. 예를 들어《도쿄니치니치신문》의 1923년 9월 3일자 기사 같은 것이다. 이 신문은 "정부 당국에서는 급히 2일 오후 6시를 기해 계엄령을 내렸는데 동시에 200명의 조선인이 칼을 빼들고 메구로 경마장에 집합하려다가 경관대와 충돌이 나 쌍방에서 수십 명의 부상자가 났다는 급보가 경시청에 달했기에 쇼오로끼 주사, 야마다 고등보통과장 이하 30명이 현장으로 급행하고 한편 군대 측의 응원을 요청했다"라는 보도를 냈다. 지진이 일어났을 때 도쿄와 요코하마의 신문사는 대부분 인쇄시설이 불에 타거나 망가져 정상 발행이 어려웠고, 확인되지 않은 정보가 난무하면서 신문사라고 해도 진상 확인이 어려웠다. 때문에 유언비어가 그대로 신문에 실렸고, 나중에 어느 정도 사태가 가라앉자 일부 신문은 정정기사를 냈다. 하지만 극우는 정정기사는 외면하고 유언비어를 보도한 기사를 근거로 조선인 습격이 있었다고 주장을 하는 것이다.[3]

가토 나오키는 이에 맞서 "'조선인 학살은 없었다'는 왜 엉터리 주장일까?"라는 사이트를 만들었다. "조선인 폭동은 사실이다", "조선인이 우물에 독을 탔기 때문에 일본인이 반격했을 뿐이다" 같은 학살부정론을 비판하는 사이트였다.(http://01sep1923.

3 강덕상은 가토 나오키가 구도 미요코(工藤美代子)의 책(『관동대진재 '조선인 학살'의 진실』, 산케이신문출판사)이 엉터리고 사료 인용에서 속임수를 사용하고 있음을 그의 책에서 잘 밝혔다고 평가한다. 『시무의 역사학자』 232쪽

tokyo/) 여기에 올린 글도 2019년 5월에 『트릭 '조선인 학살'을 없던 일로 만들고 싶은 사람들』(코로카라출판사)이란 책으로 나왔다.

극우를 저지하는 최전선에 서다

2023년 9월 1일 100주기를 맞아 가토 나오키는 요코아미초 공원의 추도비를 방위하는 싸움에 나서려 한다. 그는 여러 해 동안 같은 활동을 해 왔다. 그가 특별히 요코아미초 공원 추도비를 짚어 말하는 건 이 비가 지닌 의미 때문이다.

간토 지방 곳곳에는 조선인의 죽음을 기리는 비가 스무 기 넘게 있다. 야마다 쇼지는 『민중의 책임』에서 추도비의 이름과 비문 내용을 분석했다. 그는 1945년 이전에 세워진 비석이 대부분 선인지묘(鮮人之墓)라는 이름으로 "몇 명이 언제 죽어 묻혀 있다"고만 적어 단순한 위령비에 그쳤던 한계를 지적했다. 일본이 패전하기 전까지 '조선인 대학살'을 입에 올릴 수 없던 탓도 있지만 학살의 죄과를 정면으로 보지 못한 민중의 책임도 있다고 짚었다.

그런데 조선인 학살 50주년을 기념해 1973년 '간토대지진 조선인 희생자 추도행사실행위원회'가 요코아미초 공원에 세운 추도비는 달랐다. 우선 장소가 특별했다. 이 공원에는 간토대지진과 1945년 도쿄대공습 때 죽은 일본인의 유골이 안치된 도쿄도 위령당이 있다. 또 공원 입구 오른쪽에는 도쿄도 부흥관이 있어 재해를 이겨내고 도쿄를 재건한 역사를 보여 준다. 요코아미초 공원은 일본인에게 추모의 마음과 긍지가 함께 하는 공간인 셈이다. 그런 곳에 '조선인 추도비'가 세워졌으니 의미가 깊을 수밖에 없었다. 또 도쿄도 의회도 건립에 찬성한 가운데 일본의 시민단체가 만들고 비문에는 "대지진의 혼란 가운데 잘못된 책동과 유언비어로 6,000여 명에 이르는 조선인이 그 귀한 생명을 빼앗겼습니다"라고 조선인이 학살 때문에 죽었음을 분명하게 적고 있다. 학살의 책임이 어디 있는지까지는 기록하지 못했지만 1945년 이전에 세워진 비와는 확연히 다른 추도물이었다. 그래서 해마다 이 비 앞에서 조선인 영령을 기리는 추도식이 열리고 도쿄도지사가 추도사를 보내는 게 관례였다.

반면 일본의 극우에게 이곳에 있는 조선인 희생자 추도비와 추도식은 눈엣가시였다. 도쿄도지사가 추도문을 보내는 전통도 못마땅했다. 포문은 자민당 의원이 열었다. 2017년 3월 2일 도쿄도 의회에서 고가 도시아키(古賀俊昭)는 "간토대지진 당시 불법행위를 저지르고 그들을 따르도록 선동한 한국 독립운동가들 때문에 희생자가 나왔다"는 황당한 주장을 펼쳤다. 그러면서 코이케 지사에게 추도사를 보내지 말라고 요구했다. 고이케는 기다렸다는 듯 "무엇이 사실인지는 역사가가 판단할 문제"라고 하며 조선인 추도식에 더 이상 추도문을 보내지 않겠다는 결정을 내렸다.

지금 상황은 더 나빠져 추도비를 철거하라는 공격까지 나오고 있다. 2017년 도쿄도 의회에서 자민당 의원이 "추도비를 철거하라"고 발언한 데 이어 2018년과 2021년 스미다구 의회에서도 자민당 의원이 "비석을 철거하라"고 말했다. 한편 코이케가 추도사를 보내지 않는 것에 발맞춰 조선인 희생자 추도비 옆에서 일본의 극우는 "조선인 6,000명 학살이 사실인가, 일본인의 명예를 지키자" 같은 플래카드를 내걸고 혐한 시위를 벌였다.

가토 나오키가 '방위'를 하겠다고 한 것은 이처럼 요코아미초 공원의 추도비와 추도식이 극우와 일본의 시민운동이 첨예하게 맞붙는 전선이 되었기 때문이다. 그는 여기를 지켜내겠다고 자임했다. 초병으로서 그가 하는 일은 두 가지다. 하나는 극우의 블로그를 감시하는 것. 2017년 이후 매주 이들의 온라인 게시물을 읽고 뭔가 방해를 기도하는 조짐이 보일 때에는 되도록 빨리 대응하고 있다. 또 하나는 9월 1일의 추도식 주변에 '방위대'를 배치하고 극우의 침입을 막는 일이다. 일본의 극우단체는 이 장소에서 "조선인 학살은 누명이다"라고 주장하며 누구를 추모하는지조차 불분명한 위령제를 연다. 또 조선인 희생자 추도식장 내로 사람을 들여보내 소란을 일으키려 한다. 2019년에는 추도식장 주변에서 몸싸움까지 벌어졌었다. 가토는 요코아미초 공원 추모비를 방위하는 두 번째 일로 이런 극우의 행동을 저지하고 있다. 그가 참여하는 '방위대'는 반인종주의 활동가로 구성이 되어 있다. 극우를 자극하지 않으면서 침입을 저지하고, 침입한 경우에도 조용히 나가달라고 설득하고 있다. 이번 100주년도 이 활동을 할 생각이다.

가토 나오키는 일본에서 역사를 부정하는
극우 세력에 맞서는 활동을 하고 있다.

어제의 학살을 사죄해야 미래에 평화가 온다

가토 나오키는 『거리에서』와 『트릭 '조선인 학살'을 없던 일로 만들고 싶은 사람들』을 통해 거꾸로 가는 역사와 맞서려 했다. 언제부턴가 가토를 '반일' '과격파'라고 부르며 '사형하라'고 집요하게 비판하는 우익이 생겼다. 가토 나오키는 일본 사회가 1990년대 후반부터 급속히 우경화되는 분위기에 대해 "청일전쟁 때부터 1990년대 초반까지 백 년 동안 일본은 아시아의 유일한 선진국이었다. 일본이 아시아의 중심이고 근대화의 모범이라는 관념이 일본을 지배했다. 그런데 1990년대 이후 일본은 후퇴하고 위축되었지만 주변 국가는 새로운 길을 걸으며 발전했다. 일본은 이 현실을 부정하고 싶어 한다. 그러면서 예전 제국주의 시절에 대해 향수를 느낀다. 평화헌법을 고치려 하고 코로나로 비상시국임에도 굳이 올림픽을 강행했던 것도 이런 이유 때문이다"라고 진단한다. 그가 보기에 현재 상황은 심각하고 그에 맞설 시민사회의 힘은 약하므로 자신이 공격을 받더라도 방패가 될 수 있다면 기꺼이 해내겠다는 생각이다. 가토 나오키는 100주기 행사가 끝나면, 요코아미초 방위전이 잘 끝나면 여러 계획을 추진할 생각이다. 『거리에서』와 『트릭 '조선인 학살'을 없던 일로 만들고 싶은 사람들』을 낸 이후에도 계속 차별에 반대하는 글을 써 왔는데 이를 모아 새로운 책을 내려 한다. 또 중학교 교사였던 요코하마의 향토사학자 고토 아마네와 함께 가나가와현의 조선인 학살 실태가 담긴 자료집을 간행할 생각이다. 기회가 닿으면 간토대지진의 교훈에 관해 어린이가 쉽게 읽을 수 있는 글도 써 볼 작정이다.

가토 나오키는 간토대학살을 일본의 가장 큰 오점으로 바라본다. 요시다 쇼인의 정한론에서 시작된 침략주의는 청일전쟁, 러일전쟁을 거쳐 조선에 대한 강제합병으로 이어졌다. 거듭된 승리로 일본 제국주의는 오만해지고 조선인에 대한 멸시는 쌓여 갔다. '감히 대일본에 저항하는' 조선인에 대한 적개심 또한 깊어졌다. 조선인 대학살은 바로 정한론이 나온 이래 수십 년간 쌓인 차별의식, 제국주의 의식이 분출한 사건이다. 이는 일본 군대가 저지른 다른 학살 범죄와 확연히 달랐다. 일본 내에서, 민간인이며 (그들의 논리상으로도 황국 신민인) 조선 사람을 상대로, 군대, 경찰, 자경단이 합세해서 가장 잔인한 방식으로 저질러졌다. 제노사이드의 요건을 모두 갖춘 학살이었다. 가토 나오키는 이 과오를 정면으로 마주보고 반성하는 것이 일본의 역사를 바로잡는 첫걸음이라고 본다. 어제의 학살을 사죄해야 미래에 평화가 오기 때문이다. 가토의 글이 멈출 수 없는 이유다.

간토의 유족

우리 정부는 해방 후 독립국가가 된 지 80년 가까이 되었지만
단 한 차례도 일본에게 사과는 물론 진상규명조차 요구하지 않았다.
뿐만 아니라 학살된 이들을 기리는 어떠한 기념물도 만들지 않았고
아무런 추도행사도 거행하지 않았다.

일본은 사망자 9만 9,331명, 부상자 10만 3,733명, 행방불명자 4만 3,746명이나 되는 간토대지진의 아픔을 기려 1960년부터 9월 1일을 방재의 날로 정했다. 이날부터 일주일은 방재주간으로 학교나 정부기관은 피난 훈련을 실시하고 매스컴에서는 다양한 상황에서 어떻게 대처할지 알려 주는 기사가 넘쳐 난다. 또 간토대지진 희생자 유골을 안치한 도쿄도 위령당을 비롯 여러 곳에서 일본인 희생자를 기리는 추모행사가 진행된다. 그러나 일본은 조선인이 6,661명이나 학살된 사실은 언제나 외면해 왔다. 책임을 인정하지 않고 사실마저 부정하기에 100년이나 지난 지금도 그 진상은 안개 속에 있다. 우리 정부는 해방 후 독립국가가 된 지 80년 가까이 되었지만 단 한 차례도 일본에게 사과는 물론 진상규명조차 요구하지 않았다. 뿐만 아니라 학살된 이들을 기리는 어떠한 기념물도 만들지 않았고 아무런 추도행사도 거행하지 않았다. 그 흔한 조사나 외교부 차원의 성명서조차 발표하지 않았다.

지진 당시 조선인을 (형식상으로 대표하는) 정부기관은 조선총독부였다. 당시 사이토 총독은 일본 사법성이 조선인 학살 피해자가 233명이라고 인정했음에도 조선인 피해자는 단 두 명뿐이라고 우겼다. 나아가 조선으로 학살 소식이 전해지는 걸 철저히 막았다. 도쿄에서 구사일생으로 살아 돌아온 유학생 한승인(당시 21세)과 이주성(당시 22세)은 부산항에 내린 순간부터 감시당했다.

열차 안에 상주하는 형사떼가 아침부터 우리를 주시하고 있다. 자기네 딴에는 여객으로 위장하고 우리를 외면하면서 지나갔지마는

우리는 그들이 형사들인 것을 잘 알고 있다.[1]

두 사람은 9월 6일 아침 서울에 도착해 《동아일보》와 가까스로 인터뷰를 했다. 《동아일보》는 즉시 호외를 만들었으나 총독부의 검열로 학살을 담은 40줄이 삭제되었다. 한승인과 이주성은 집회를 통해 실상을 알리려고 강연회 장소인 YMCA로 가는 길에 "지진에 관한 오보를 퍼트리고 다닌다"며 붙잡혔다. 《조선일보》와 《동아일보》의 학살 관련 기사는 차압 18회에 601회나 게재금지를 당했다. 희생자의 가족은 생사를 몰라 안절부절못했다. 관부연락선이 들어오는 부산항에는 이제나저제나 가족이 돌아올까 기다리는 사람들의 울음소리가 끊이지 않았다. 사망 소식을 들은 사람은 그래도 나은 편, 아예 소식을 듣지 못한 사람은 수십 년간 기다림의 세월을 보냈다.

8·15해방 후 강제징용과 강제징병자 등 많은 동포가 돌아오는 모습을 보면서, 유족은 잠시나마 희망을 가졌다. 그러나 이도 잠시, 해방 후의 격동과 한반도의 내전 속에서 간토의 희생자를 찾고 기리는 일은 요원한 일이었다. 그리고 이승만, 박정희, 전두환으로 이어진 반공독재정권 아래서 유족은 모일 수 없었고 일본의 죄과를 묻는 일은 탄압받았다. 그러는 사이 간토의 비극은 우리의 의식 속에서 흐릿해졌다. 희생자와 그 유족 또한 잊혀 갔다. 그러

1 「관동대지진을 추모함—일본제국의 '불령선인'과 추도의 정치학」 (이진희, 《아세아연구》 51호)에서 재인용.

나 존재 자체가 사라진 것은 아니다. 그들은 어떤 삶을 살았고 그 참변을 어떻게 기억할까? 유족 2세인 김대원과 조팔만, 유족 3세 권재익, 조광환, 홍동선의 사연은 가슴 아픈 가족사이면서 우리의 현대사 그 자체다.

조선인을 톱으로 썰어 죽여… 유족 2세 김대원의 증언

목포의 김대원은 유족 2세다. 그가 들려주는 사연을 따라가 보자. 전라남도 무안군 안좌면 원산리[2]의 김광진, 김광수, 김동민, 김동진, 김광삼, 이 다섯 사람은 도쿄 아사쿠사(淺草)구 아사쿠사바시에서 참변을 당했다. 김대원의 증언에 따르면 김동진이 양복 기술을 배우러 일본으로 먼저 떠났고 나중에 집안 친척을 불러들였다. 학살에서 살아 남아 돌아온 사람은 김동진뿐. 학살 당시 피범벅이 되어 쫓기던 그는 어느 일본 사람 집을 두드렸고 '어서 들어오라'며 숨겨 준 덕에 살아남았다. 김동진은 어렵사리 고향으로 돌아와 일본인이 조선인을 톱으로 썰어서까지 죽였다고 증언했다. 같은 집안이었던 김대원은 대가 끊긴 김광삼의 양자로 들어갔다. 유골을 수습할 수 없었기에 가묘를 써서 김광삼의 기일을 챙겼다.

김대원은 이승만, 박정희 시절에는 유족의 아픔을 꺼내기 조심스러웠다. 전두환, 노태우 시절도 마찬가지. 김대중 정부가 들어

2 1923년 당시 주소다.

간토의 유족

187

민족문제연구소와 인터뷰하는 김대원.
그가 죽은 뒤 2014년 주일대사관에서 발견된
'일본 진재시 피살자 명부'에 김광삼의 이름이 포함돼 있어서
김대원은 유족으로 공식 확인되었다.

서자 김대원은 실낱같은 희망을 안고 박지원 비서실장을 찾아가 진상규명을 요청했다. 하지만 이렇다 할 답을 듣지 못했다. 그는 2009년 일본에서 '간토 제노사이드' 연구자인 마에다 아키라(前田朗)를 비롯한 시민운동가들이 목포까지 찾아왔을 때 묘소를 안내하며 감사의 인사와 함께 진상규명의 필요성을 강조했다. 그가 남긴 증언에 의하면 지진 몇 달 후에 헌병이 김광삼의 집으로 위로금 200원을 가져왔다고 한다. 《동아일보》 1924년 2월 19일자 '이재자 위로금'이란 제목의 기사는 이 증언을 뒷받침한다.

경북 의성군 경내에서는 작년 9월 간토 지방의 대지진을 당해 불행히 사망한 자가 사십 여에 달하였는데 지난 십이일 해당 군청 내에서 유족을 소집하여 위금이라는 명목으로 매인(每人) 2백 원의 저축예금통장 일매식을 교부하였다.

조선총독부는 저항의 불씨가 번지는 것을 막기 위해 피살자 현황을 파악하고 위로금을 지급했다. 1924년 6월 조선총독부 관방 외사과에서 제작한 『간토대지진과 조선인 문제』에 보면 "총독부에서는 지진 때문에 죽거나 행방불명이 된 조선인의 유족에 대해서 1인당 200엔 정도의 조위금을 보내고 지방관리를 시켜 유족을 위문하도록 했는데 그 인원은 830명이고 조위금 총액은 16만 6,000엔이었다"라는 기록이 나온다. 1922년 당시 일본 간토 지방에서 백미 10킬로그램의 소매가격이 3엔 4전 수준이었는데 200엔이라면 560킬로그램을 살 수 있는 금액이다. 조선의 농민에게는 큰 금액이었다.

김대원은 이 관방외사과의 기록과 달리 위로금을 200엔이 아니라 200원으로 기억한다. 원이라 하더라도 그때 200원은 오늘날 구매력 기준으로 약 1,000만 원 내외에 해당된다.[3] 이 돈이 형제별로 나왔는지 집안 전체로 나왔는지는 불분명하다. 어쨌든 조선총독부의 목적은 유족의 입을 막고 저항의 기운이 퍼지지 않게 하는 것이었다.

김대원은 조선인 대학살 희생자 추도집회에도 참여하고, 요코아미초 공원에 있는 조선인 추도비에도 찾아가 조상의 넋이라도 기리고 싶었지만 뜻을 이루지 못한 채 2013년 3월 용인의 키드니 병원에서 숨을 거뒀다.

4세 아이까지 일가족이 모두 학살당하다

제주도 대정읍 인성리의 조묘송은 32세 나이로 도쿄의 가메이도 경찰서에서 학살되었다. 조묘송의 사망 경위는, 『극웅필경』에 실

3　1919년 수원의 4인 가족 생활비는 25원, 같은 해 관청에 근무하는 일본인 하급서기의 월급은 본봉 30원, 수당 20원 합하여 50원 정도다. 1920년 일용노동자 하루치 임금은 조선인이 1원 10전, 일본인 1원 50전이었다. 1920년《동아일보》 1개월 구독료는 60전, 1924년 신문사 지방부 기자 월급이 40원, 정치부 기자가 50원이었다. 이상을 종합해 보면 1923년 1원의 구매력은 오늘날 대략 7~10만 원에 상응한다고 볼 수 있다. 『독립운동열전』 참조.

린 나환산(羅丸山)의 목격담을 통해 알 수 있다.

나는 조선인 86명을 총과 칼로 사살하거나 참살하는 것을 곁에서 지켜봤다. 9월 2일 밤부터 3일 아침까지 가메이도 경찰서 연무장에 수용된 조선인은 300여 명이었으며 이날 오후 1시에는 기병 1개 중대가 들어와 경찰을 감시하기 시작했다. 그때부터 다무라(田村)라는 사내가 지휘를 하게 되었는데, 군인들이 연무장으로 들어오더니 3명을 불러냈고, 연무장 입구에서 그들을 총살해 버렸다. 이때 지휘자는 총소리가 들리면 인근 주민들에게 공포감을 줄 터이니 총 대신 칼로 죽이라고 명령했다.

이에 군인들은 일제히 칼을 뽑아 83명을 한꺼번에 죽였는데 그중에는 임신한 부인도 있어서 배를 가르니 태아가 나왔다. 아기가 울자 그 울음소리에 태아까지 찔러 죽이고 말았다. 시체는 다음 날 새벽 2시에 트럭에 실어 어디론가 갔는데, 다른 사람들이 어떻게 됐는지는 알 길이 없다.

태아까지 죽인 끔찍한 만행이 일본 군대에 의해 경찰서 앞마당에서 버젓이 저질러졌다.[4] 위 목격담에 나온 임산부는 조묘송의 부

---

4   이 만행이 벌어진 가메이도 경찰서가 위치한 가메이도마치와 이웃한 아즈마마치 (吾嬬町)는 공장지대였다. 히타치제작소 가메이도공장, 기차회사, 정공사가 있었고 도쿄스프링, 오지마제강, 일본주강, 도쿄강재 등이 들어서 중국인 노동자도 많아 노동운동이 활발했다. 따라서 가메이도 경찰서는 늘 신경이 곤두서 있었다. 더더욱 경찰서장은 경시청 특고과 노동계장이었던 후루모리 시게타카도여서 사

간토의 유족

인 문무연(38세)이다. 또 조묘송의 동생 조정소(24세)와 조정화(19
세), 아들 조태석(4세)도 함께 살해당했다.

조묘송과 그의 동생들이 한꺼번에 살해당해 집안의 대가 끊기
게 되자 조팔만 씨가 양자로 들어가 대를 잇게 되었다. 《연합뉴스》
변지철 기자의 취재로 확인된 경위는 이렇다.

제주에 남은 조묘송의 여동생들은 가장 가까운 친척인 조팔만 씨의
아버지에게 팔만 씨를 양자로 보내줄 것을 요청했다. 당시 조팔만
씨의 나이는 13세였다. 그러나 팔만 씨의 아버지는 이를 거절했다.
가정 형편이 완전히 기운 친척집에 어린 팔만 씨를 보낼 수는 없었
다. 팔만 씨를 아들로 보내면 힘들게 살아갈 것이 불 보듯 뻔했기
때문이다. 조묘생의 여동생 4명 중 홀로 살아남은 조술생 씨는 1958
년 12월 어른이 된 조팔만 씨를 다시 찾아갔다. 그녀는 팔만 씨에게
양자로 들어와 30년 넘게 구천에서 떠돌아다닐 오빠들의 제사를 맡
아달라고 호소했다. 팔만 씨와 그의 아내 신생 씨는 두 번이나 부탁
을 거절할 수 없었다. 이후 아들 역할을 맡아 2008년까지 50년 가까
이 제사를 지냈다. 집안 사정이 넉넉지 못한 상황에서 해마다 돌아
오는 제사와 명절을 챙기기는 쉬운 일이 아니었다. 때로는 간소하
게, 때로는 빚을 져서라도 제사를 지냈다.[5]

회주의자, 노동자, 외국인에 대한 적대 분위기가 강했다.

5 《연합뉴스》, 2014년 8월 31일. "잊혀져가는 관동 조선인 대학살… 갈 곳 잃은 '절
규'"에서 인용.

조팔만이 양자로서 유족으로서 그 안타까움을 달랠 수 있는 유일한 방법은 제사였으리라. 후손된 도리로서 일본에 가 희생된 현장을 둘러보고 국화꽃 한 송이라도 바치고 싶다던 조팔만은 안타깝게도 뜻을 이루지 못한 채 2015년 숨을 거뒀다. 유족 3세가 되는 조팔만의 아들 조영균은 2016년 광화문에서 열린 간토대지진 희생자 추도행사에서 "일부 시민단체와 언론에 의해 조선인 학살에 대한 조명이 이뤄지고 있지만 아직도 국민들이 이 문제를 자세히 알지 못하는 것 같다"며 안타까움을 표시했다.

유족이 앞에 나서기 꺼리는 이유

조선인 대학살이 일어난 지 100년이 흐르면서 확인된 유족 2세는 대부분 세상을 떴고 몇몇 3세가 할아버지 세대를 기억하면서 아픔을 기리고 있다. 그중 한 명인 권재익은 경상북도 영주시 사람이다. 영주에서 오랫동안 시민운동을 해 온 그는 중학교 때, 외할머니로부터 "외할아버지(남성규)가 일본 군마현에서 돌아가셨다"는 얘기를 스치듯 들었다. 고향 사람 하나가 후지오카(藤岡) 경찰서에서 지붕을 뚫고 도망쳐 살아 돌아와 그 소식을 알려 주었다고 한다. 도쿄의 뒤숭숭한 소식은 들었지만 군마현은 멀리 떨어져 있기에 괜찮으려니 생각했는데 들려온 비보였다.

　권재익은 어릴 적에는 외할아버지의 일을 마음에 담아 두지 않았다. 기억이 되살아난 건 간토학살 93주년을 앞둔 2016년 8월

20일, 광화문 광장에서 공식 추모행사가 열린다는 기사를 접하면서였다. 이후 관련 자료를 찾아보다가 강효숙 교수가 쓴 논문「간토대지진 당시 피학살 조선인과 가해자에 대한 일고찰」을 읽고 기쁜 마음에 전화를 걸었다. 강 교수의 주선으로 93주년 추도식에 유족의 일원으로 참석해 '간토 조선인 대학살에 관한 일본의 국가책임을 묻는 모임'의 사무국장 다나카 마사타카도 만나고 시청 한쪽에서 〈감춰진 손톱자국〉과 〈불하된 조선인〉도 봤다. 또 다른 유족 조영균, 조광환 씨 등을 만난 건 큰 기쁨이었다.

이후 권재익의 관심은 부쩍 드높아졌다. 억울하게 돌아가신 외할아버지의 한을 풀어드리고 유해를 모셔와 가묘 대신 제대로 된 묘를 쓰고 싶었다. 오충공 감독의 제안으로 유족간담회에 나가 교류하며 유족연합회 결성을 모색하고 2018년에는 오 감독의 초청을 받아 일본으로 건너갔다. 그는 일본으로 갈 때 부산에서 시모노세키로 가는 배편을 이용했는데 할아버지의 발자취를 더듬어보자는 생각이었다. 일본은 일본 내륙철도와 경부선철도를 연결하기 위한 관부연락선을 1905년 9월 11일 처음 띄웠다.[6] 부산에서 밤 10시에 출발하면 시모노세키에 다음 날 아침 9시 반에 도착했다. 3등석의 운임은 3엔 50전. 1등석은 호텔처럼 호화로웠으나 3등석은 정원도 무시하고 누에 선반처럼 사람과 짐을 빼곡히 채

6   1922년 부산에서 시모노세키로 간 승객총수는 303,510명에 조선인은 70,462명. 1923년 승객총수는 283,725명에 조선인은 97,395명이다.『부관연락선과 부산』 (최영호 등, 논형) 31쪽 표 1-1 참조.

웠다. 연락선은 지옥선이라는 말은 이 3등석을 두고 한 말이다. 권재익의 할아버지만이 아니라 당시 조선의 이주노동자는 3등석 선실에서 앉은 채로 밤을 꼬박 새워 일본에 도착했다. 걱정과 두려움이 컸겠지만, 그래도 조선에 있는 가족을 생각하며 이를 앙다물고 일본 땅에 발을 디뎠으리라.

권재익은 일본에 도착해 할아버지의 묘비가 있는 군마현 죠도지의 추도식에 참석하고 할아버지가 일한 현장으로 추정되는 곳을 둘러봤다. 아라카와 강변에서 재일동포가 풍물을 치며 넋을 기리는 행사에도 참여하고 일본의 호센카 회원과도 만났다. 중국인 유족과도 교류하며 중국인 유가족연합회가 일본 외무부와 국회를 항의 방문하고 '사죄와 배상'을 요구하는 모습을 부러운 눈으로 바라보았다.

권재익의 외할아버지 남성규는 이름과 학살 경위가 밝혀진 몇 안 되는 사람 중 하나로 최승만의 『극웅필경』에 죽음에 이르는 과정이 상세히 적혀 있다. 경상북도 예천군 감천면 돈산리 244번지 출신인 그는 1922년 군마현으로 간다.[7] 당시 경상북도 사람들은 모집인을 따라 군마현으로 많이 갔다. 그가 일한 곳은 우에노-타카사키선(上野-高崎線)의 철로공사 현장이었다. 남성규는 철도성의

---

7 제1차 세계대전 후 물동량이 급등하자, 일본은 관부 항로에 새로운 선박을 들였다. 1922년 5월에 게이쿠후마루(景福丸, 3,620톤) 11월에 도쿠주마루(德壽丸, 3,620톤) 그리고 1923년 3월에 쇼케이마루(昌慶丸, 3,620톤)이 취항했다. 남성규가 타고 간 배는 게이쿠후마루 혹은 도쿠주마루 중 하나였을 것으로 보인다.

청부업체인 가사미구미(鹿島組) 혹은 칸나가와 쟈리(神流川 砂利)라는 회사에서 근무한 것으로 보인다.

군마현에서 자경단의 만행이 심해질 때 그는 칸나가와 쟈리의 사장 다나카 치요키치(田中千代吉)의 주선으로 다른 조선인 노동자 14명과 함께 군마현 후지오카 경찰서로 피신했다. 이 소식을 듣고 후지오카촌의 자경단 대표 13명이 경찰서로 몰려와 조선인을 자신들에게 넘기라고 외쳤다. 후지오카 경찰은 신마치(新町)로 출장 중인 서장이 돌아올 때까지 기다려 달라고 했다. 오후 여섯 시경이 되자 자경단은 200여 명으로 불어났고 자경단 내에서 누군가 "해 버리자"고 외치자 자경단은 경찰서 안으로 밀고 들어가 유치장에 있던 조선인 노동자를 일본도와 죽창, 엽총으로 찌르고 베었다. 9월 7일 검사국에서 학살당한 사람의 신원을 조사했는데 이때 남성규도 목숨을 잃은 것으로 밝혀졌다.

남성규는 한 동네에서 온 김철진(41세), 조정원(43세), 김백출(29세) 그리고 같은 상주군에서 온 김인수(22세), 허일성(25세)과 함께 목숨을 잃었다. 시신은 검사국 조회가 끝나고 짐 마차에 실려 어디선가 화장을 당했다. 이때 1886년생인 남성규의 나이는 서른여덟 살이었다.

고향에는 부인 송산동과 아들 위득(8세)과 사득(5세), 딸 득녀(2세)를 남겨 둔 상태였다. 남편을 잃은 부인 송산동은 두 아들과 딸을 데리고 시댁이 있는 영주로 간다. 여기서 시댁의 도움으로 어렵게 살림을 꾸려 갔다. 권재익은 남성규의 딸인 남득녀의 아들이다.

권재익의 바람은 정부가 진상규명에 나서서 돌아가신 조상의

원한을 풀어주는 것이다. 그는 "'우물에 독을 탔다. 불을 질렀다'
는 거짓 유언비어와 혐의를 몰아내지 않으면 유족은 폭도의 후손
이 된다. 그래서 유족들이 앞에 나서는 걸 꺼리는지도 모른다"라
고 말한다. 일리가 있는 지적이다. 지진 후 일본 사법성의 조사에
서 조선인의 방화나 습격은 단 한 차례도 없었던 것으로 밝혀졌
다.[8] 기소된 조선인이 하나도 없다. 엄청났던 유언비어의 실체는
이렇게 허망했다. 나라 잃은 조선인은 의지할 데가 없었다. 조선
인은 폭도가 아니라 일본 국가범죄의 희생양이었기에 그 누명에
서 벗어나야 한다.

 권재익은 평화의 반대말이 전쟁이 아니라, 혐오와 증오라고
생각한다. 혐오와 증오가 쌓이면 내부를 향해서건 외부를 향해서
건 주먹과 총을 쓰기 때문이다. 그는 조선인에 대한 멸시와 차별
이 쌓이고 쌓여 인류사에서 유례를 찾아보기 힘든 조선인 대학살
이 벌어졌다고 본다.

---

[8] 일본 사법성이 펴낸 「진재 후의 형사사범 및 이에 관련한 사항조사서」에는 지진
당시 조선인 관련 범행 내용이 나온다. 죄목은 살인, 살인미수, 방화, 강도, 강간
등의 어마어마한 내용이다. 그런데 여기서 공개한 49건의 범행 중에 가해 조선인
의 이름이 성명미상으로 적힌 경우가 많다. 성명이 뚜렷하게 적힌 김손순이나 강
금산은 행방불명이라고 적혀 있다. 조사 중이라는 변봉도는 그 후 관련 공판기록
이 없다. 결국 일본 사법성이 펴낸 조선인 범죄일람표는 조작 가능성이 높다. 조
선인을 너무 끔찍하게 죽였고 수가 많았기에 어떻게든 조선인의 범죄가 있었다
고 해야 책임을 조금이나마 면할 수 있기에 날조를 해서 발표한 것이다. 『학살의
기억』 77~80쪽.

구천을 떠도는 영혼이라도 온 걸까

또 다른 유족 3세 조광환은 현재《지리산힐링신문》의 대표를 맡고 있다. 조광환의 큰 할아버지 조권승은 1893년 2월 9일생으로 경남 거창군 위천면 황산리 231번지에서 태어났다. 조권승은 군마현으로 갔다가 1923년 9월 2일 나이 서른 살에 참변을 당했는데 고향에 남겨 둔 아들 조병준이 다섯 살 때였다. 조권승의 소식은 살아남은 한동네 사람이 전했다. 살아 돌아온 그도 뒷머리를 칼에 베이는 상처를 입었다. 집안에서는 조권승의 옷가지를 넣어 가묘를 만들고 기일인 7월 22일(음력)에 제사를 지냈다. 제사의 마지막 순서는 일본 쪽을 향해 묵념을 올리는 것이었다. 조권승이 죽자 그의 집안은 무너져 내렸다. 엎친 데 덮친 격으로 조권승의 동생 조기승이 보증을 잘못 서는 바람에 지니고 있던 땅마저 잃어버렸다. 조광환에게 큰할머니가 되는 조권승의 아내는 독자인 병준을 데리고 들일에 나섰다. 문중 땅을 부치면서 입에 풀칠을 했다. 집안의 가장을 잃은 채 평생을 청상과부로 고생한 조권승의 아내는 1968년 1월 15일 숨을 거뒀다. 조권승의 가묘에 묻혔으니 조권승은 아니어도 무덤은 주인을 들인 셈이다.

조광환에게 조권승은 큰 할아버지이지만 어려서부터 집안 제사에 참여하고 일본 쪽을 향한 묵념을 빼놓지 않았기에 유족이라는 자각이 있었다. 2013년에도 하나의 계기가 있었다. 주일대사관에서 일본 진재시 피살자 명부가 발견되었고 이를 국가기록원으로부터 넘겨받은 강제동원 피해조사 위원회[9]가 확인 조사를 나왔다.

왼쪽부터 김종수 목사, 민변 과거사청산위원회의 권태윤 변호사,
유족 조광환, 유족 권재익, 진실과 화해 위원회의 전 위원인 임승철 목사다.

1953년 내무부에서 피살자 조사를 할 때 조권승의 동생 조기승이 형의 죽음을 신고했기에 조권승도 이 명부에 실려 있었다. 그런데 조권승의 외아들이며 조광환에게 큰집 삼촌인 조병준과 그의 아들 조용진이 사망한 터라 조광환이 조사원을 상대했다. 이 조사는 큰할아버지의 죽음을 다시 생각나게 한 계기였다.

조광환에게 잊지 못할 기억은 굿을 할 때 큰할아버지가 종종 모습을 나타낸 것이다. 거창에서 조씨 집안은 어려울 때마다 당골을 통해 집안 굿을 하는 내력이 있었다. 이때 생전에 술을 좋아하고 활달했던 큰할아버지는 무당의 공수를 통해 "내 일본 다녀오겠다. 까짓 거 무서울 게 무에냐"라며 또렷이 음성을 들려주었다.

조광환을 유족으로서 역사의 현장에 나오게끔 이끌어 준 건 오충공 감독이었다. 오 감독은 〈감춰진 손톱자국〉에 증언자로 나온 조인승의 행적을 발굴하려고 거창에 온 적이 있다. 동네에선 그때 숨진 조권승과 유족 조광환의 얘기를 들려주었고 그게 계기가 되어 오 감독과 만났다. 조광환은 오 감독을 만나기 전날에 큰할아버지 무덤이 환하게 빛나는 꿈을 꾸었다. 오 감독은 유족의 얘기를 담은 세 번째 작품을 촬영 중인 터라 조권승의 무덤을 둘러보고 창녕 조씨의 족보도 살펴보았다. 조광환은 2018년 오 감독의 초청으로 권재익 등 다른 유족과 함께 도쿄의 아라카와 강변과 지바 간논지에서 열린 추도식에 참석했다. 이때 그에게 인상 깊었던

9 본 이름은 대일항쟁기 강제동원피해조사 및 국외 강제동원희생자 등 지원위원회이다.

것은 재일동포 3세, 4세들이 간토대학살에 대해 진지한 관심을 기울이는 모습이었다.

어디서 어떻게 죽었는지라도 알았으면

또 다른 유족 3세 홍동선 씨는 경기도 남양주에서 신토불이라는 떡공장을 운영하고 있다. 그의 할아버지는 3형제 중 맏이로 이름은 홍철유다. 1898년 충청남도 당진 면천면에서 태어난 그는 마을 사람 네 명과 함께 취업을 위해 일본으로 건너갔다. 당시 아내의 뱃속에 3개월 된 아들 홍사인을 둔 상태였다. 서당공부를 한 후 면천공립보통학교를 마친 홍철유는 일본어를 잘했다. 그 때문인지 홍동선은 할아버지가 토목공이나 노무자가 아닌, 사무원으로 직장을 구했던 것 같다고 말한다. 동네 사람 3명은 입사시험에서 떨어져 돌아왔고 홍철유만 남아 직장생활을 하면서 야간대학을 다녔다고 한다. 홍철유는 벌이가 좋았는지 뱃속에 있던 홍사인이 태어났다는 편지를 받고 집으로 미싱과 담요를 보내 왔다고 한다.

홍철유의 유복자 홍사인은 홀로 성장해서 집안의 대를 잇기 위해 많은 자식, 4남 4녀를 낳았는데 홍동선은 이 중 일곱째다. 홍동선은 집안에 남아 있던 할아버지 홍철유의 면천공립보통학교 졸업식 사진 덕분에 유족임을 알았다. 할머니 이기정은 사진을 가리키며 할아버지가 도쿄에서 돌아가셨다고 종종 말씀하셨다. 하지만 전후 얘기는 깜깜했다. 일본에서 전보를 받았지만 어디서 어떻게 돌아가셨는지 적혀 있지 않았다. 할아버지가 도쿄에서 할머니 이기정에게 더러 편지를 보냈는데 그게 남 보기 창피하다고 읽고 서는 모두 없애 버렸단다. 그중 하나라도 남아 있으면 발신지를 찾아가 할아버지의 마지막을 더듬어 볼 수 있을 텐데 모두 태워 버리신 게 두고두고 아쉬웠다.

이기정은 남편 홍철유를 잃고 유복자인 홍사인을 엄하게 키웠다. 그런 어머니의 기대와 달리 홍사인은 엇나갔다. 정미소를 했을 정도라 나름 재산이 있었지만 일을 뒷전에 두고 술로 한평생을 보내고 늘막염으로 고생을 하다 세상을 떠났다. 이기정은 아들 홍사인을 자신 앞에서 먼저 떠나보낸 후 홍동선이 열네살 때 세상을 등졌다. 평생을 청상으로 산 할머니는 할아버지의 졸업 사진을 함께 묻어 달라고 했다. 할머니의 유언에 소년 홍동선의 코끝은 찡했다. 손자인 그는 초하루와 보름에 할머니 제사를 지내며 삼년상을 모셨다. 할머니의 가슴 아픈 얘기는 또 있다. 울화가 쌓여선지 평생 속병으로 고생했는데 이를 보다 못한 시아버지, 즉 홍철유의 아버지가 며느리인 이기정에게 담배를 권했다고 한다. 담배로나마 위안을 삼으라는 뜻이었으리라.

안타깝게도 홍철유의 기록은 한 조각도 없다. 그는 야간대학을 다니며 어쩌면 당시 도쿄에서 유학했던 함석헌을 만났을지 모른다. 혹여 박열과 가네코 후미코를 만나 식민지의 해방을 위해 함께 머리를 맞댔을지 모른다. 아니면 야간대학을 졸업한 후, 조선에 돌아와 식민지에서 출세할 길을 꿈꿨을지도 모른다. 지금은 알 수 없다. 일본은 학살 사실 은폐를 위해 혈안이 되었었다. 9월 4일

임시내각회의에서 "불령 조선인의 시체는 군대의 손으로 소각할 것"이라는 방침이 정해졌다. "근위 3연대 병사는 300명의 시체를 산처럼 쌓아 놓고 폭발물을 투입하여 1.8미터 정도의 도화선을 붙여 폭발시켰다"는 기록처럼 조선인의 사체는 산산히 부서지고 태워졌다. 홍철유의 가족에게 남아 있는 사실은 단지 그가 도쿄에서 목숨을 잃었다는 것뿐이다.

홍동선은 현재 간토학살 100주기 추도사업추진위원회 집행위원장을 맡고 있는 김종수 목사를 우연히 만나 2016년 광화문 광장에서 열린 추도식에 참여했고 다른 유족도 만났다. 더불어민주당 유기홍 의원과도 만나 '간토학살 사건 진상규명에 관한 특별법' 추진 소식을 알게 되었다. 그의 바람은 소박하다. "어떻게 돌아가셨는지, 유해는 어떻게 되었는지" 그것만이라도 알고 싶을 뿐이다. 유족으로서 최소한의 바람이리라.

1923년 간토 조선인 대학살을 접하고 상해임시정부의 조소앙 외무장관은 즉시 "강제수용된 조선인의 석방, 재난지역 한인들의 생사여부 조사, 학살 가해자의 엄중징계" 등의 내용을 담은 항의문을 보냈다. 물론 일본 정부는 이 항의문을 무시했다. 해방 후 독립정부가 되었지만 우리는 국가 차원의 피해조사를 제대로 하지 못했다. 조선의 청년이 이재조선동포위문반을 조직해 일본 관헌의 감시 속에서 목숨을 걸고 피해를 조사했던 것에 비하면 참으로 부끄러운 일이다.

일본을 한국 법정에 세우자

2023년 9월 1일 100주기를 맞아 유족 권재인, 조광환은 대한변협 일제피해자인권특별위원회와 민주화를 위한 과거사청산위원회의 도움을 받아 소송을 준비하고 있다. 유족이 손해배상을 청구하는 민사소송이 될 전망이다. 일본군 위안부 소송처럼 일본 정부를 우리 법정에 세우는 것이다. 제2차 세계대전 직후인 유엔총회에서 제노사이드협약이 채택되었다. 나치가 저지른 유대인 학살과 같은 범죄가 되풀이되어서는 안 된다는 의지를 나타낸 것이다. 1968년 유엔총회에서는 "전쟁범죄와 인도에 반한 범죄에 대해서는 시간에 구애받지 말고 끝까지 책임을 물어야 한다"는 결의가 채택되었다.[10] 이는 1998년 국제상설형사재판소(ICC) 설치를 위한 로마회의 규정 등을 거치며 확고한 국제사회의 원칙으로 자리

---

10 반인도적 범죄라는 개념은 1946년 나치 전범을 처벌하기 위해 마련된 뉘른베르크 헌장에서 처음 제시되었다. 이후 1993년 유고전범재판과 1994년 르완다전범재판, 그리고 1998년 국제상설형사재판소(ICC) 설치를 위한 로마회의 규정 등을 거치며 이제는 확고한 국제관습법상의 개념으로 자리 잡게 됐다. '살인, 말살, 노예화, 강제이주, 고문, 강간, 성노예화, 강제납치, 기타 비인도적 행위' 등을 내용으로 하는 반인도적 범죄의 개념은 당연히 일반 범죄와는 다른 요건을 필요로 한다. 그 구성요건은 ○민간인을 대상으로 할 것(이 점에서 전쟁범죄와는 구분됨) ○광범위하거나 조직적으로(국가만을 주체로 하지 않음) 일어나는 범죄일 것 ○일반적인 범죄보다 비인도성의 정도가 더 강해야 할 것 등이다. 유고전범재판 때까지만 해도 '무력충돌과의 연관성'이 중요한 구성요소로 언급됐으나, ICC 규정에 와서는 무력충돌과의 관련성이 불필요한 것으로 정리됐다. 간토 조선인 대학살은 위 모든 요건을 충족한다.

유족들은 일본에 학살에 대한 국가 책임을 묻기 위한 소송을 준비하고 있다.
국회에서 준비 좌담회를 한 유족과 간토100주기 추도사업추진위원회 인사들.

잡았다. 따라서 간토대학살이 100년 전 사건이라는 시효 문제는 걸림돌이 되지 않는다.

장애물은 두 가지로 예상된다. 하나는 국가면제 조항 그리고 1965년 맺어진 한일청구권협정에 비추어 청구권 대상이냐 아니냐다. '국가면제'는 국제관습법에서 인정하는 조항으로 한 나라의 법정에서 다른 주권 국가를 피고로 세울 수 없다는 뜻이다. 그런데 일본군 위안부 소송을 다룬 서울중앙지방법원에서 2021년 1월 8일 반인도적 범죄에 대해서 국가면제를 배제해야 한다는 판결을 내렸고 일본이 항소하지 않아 이는 확정판결이 되었다(2016가합505092판결). 따라서 이 국가면제 조항은 간토학살 소송에서도 충분히 극복할 수 있으리라 보인다.

다음으로 일본이 간토학살 사건은 1965년에 맺은 한일청구권협정으로 이미 해결되었다고 나오는 경우다. 2018년 10월 30일, 대법원 강제동원 전원합의체는 "식민지배와 직결된 반인도적 불법행위의 경우 개인청구권이 살아 있다"라고 판결한 바가 있다. 이는 일본 최고재판소도 마찬가지 입장을 취하고 있으니 한일청구권협정이란 걸림돌 또한 넘어설 수 있다.

간토대학살은 일본이 저지른 으뜸가는 범죄이지만 한국 사회에서는 잊힌 사건이었다. 소송까지는 준비할 일도 많고 검토할 사항도 많다. 일본군 위안부 소송이나 강제동원 피해자 소송처럼 이 재판도 수십 년이 걸릴 수 있고 예상치 못한 장애물이 튀어나올 수 있다. 그런 어려움을 뚫고 간토 조선인 대학살 사건에서 유족이 승소하면, 이는 나치의 홀로코스트 책임을 엄격하게 물은 뉘른

베르크 법정처럼 인류의 평화에 기여하고 제노사이드 범죄를 막는 데 주춧돌이 될 것이다.

　이래저래 유족이 짊어져야 할 짐이 많다. 한국 사회는 100년의 침묵을 깨고 이 소송을 뜨겁게 지원해야 한다.

유족연합회 활동을 하는 중국인 희생자 유가족

간토대지진 당시 중국인 노동자도 750여 명이 살해되었다. 그때 중국은 식민지였던 조선과는 다르게 약체이긴 해도 독립국가였다. 나라시노 수용소에서 석방된 중국인들이 돌아오면서 학살 사실이 알려지자 민심은 들끓었고, 중국 정부는 왕정연(王正廷)을 단장으로 한 공식 조사단을 일본에 파견했다. 일본 정부는 조사를 방해하고 증거를 인멸했지만, 이때 민간 차원에서 재일노동자공제회 부회장인 왕조징(王兆澄)의 끈질긴 조사가 있었다. 이를 통해 피해자 명단이 만들어졌고 여기에 피해 상황, 가해자, 목격자, 재산 피해 상황 등이 자세하게 담겼다. 이를 바탕으로 중국 정부는 교섭 끝에 전체 20만 엔의 배상금을 받는 것으로 합의를 했다.

그러나 중국과 일본이 1924년 맺었던 합의는 중일전쟁과 태평양전쟁을 거치며 흐지부지되었다. 1972년 중일수교 이후에도 제대로 거론이 안 되었다. 한국과 같이 유족들은 잊힌 존재였다. 그런 유족들을 역사 속으로 끌어낸 사람은 뜻밖에도 일본인 니키 후미코였다. 그는 고등학교의 중국어 교사로 1980년 당시에 상하이 화동사범대학에서 일본어를 가르치고 있었다.

어느 날 그는 과거 신문에 실린 중국인 대학살 사건 기사를 접했다. "두부 4회, 오른쪽 옆구리 1회 칼로 난자" 등의 문구를 보고 크게 놀라 며칠간 밥도 먹지 못했다. 그때부터 니키 후미코는 중국인 학살의 진실을 일본 사람에게 알리기 위해 관련 사료를 찾고 상세한 조사를 진행했다. 또 원저우시 정부의 지원 아래 1990년 7월과 11월, 1992년 여름, 세 차례에 걸쳐 원저우를 방문해 원저우와 칭텐 산간벽지에 사는 생존자를 방문했다. 니키 후미코는 매일 두세 시간씩 운전하고 산길을 걸으며 24개 마을을 방문해 90세가 넘은 80여 명의 생존자와 피해자의 후손을 만났다.

니키 후미코는 중국과 일본에서 조사한 내용을 바탕으로 『간토대지진 중국인 대학살』(1991)과 『지진 당시의 중국인 학살』(1993)을 출간해 진실을 알렸고 이는 일본 학계에 큰 울림이 되었다. 니키는 학술활동과 함께 일본 교육계 인사 및 학자, 시민 등을 규합해 '간토대지진 학살 중국인 노동자 추모회'를 조직했다.

니키 후미코는 2012년 86세로 별세했는데 그의 뜻은 린보야오(林伯耀), 다나카 히로시(田中宏), 카와카미 진이치(川見一仁) 등 재일화교 및 우호적인 일본인들이 이어갔다. 그들은 오랫동안 일본의 중국인 강제징용 문제 해결을 위해 애쓴 '중국인 강제노역 문제 사고회'의 주요 멤버였다. 이들의 발기로 2013년 5월 2일 '간토대지진 학살 중국인 노동자 추모실행위원회'가 결성되었다. 실행위원회는 중국 저장성 산간 지역에서도 수십 명의 희생자 유족을 찾아냈다. 그중 한 명이 저우쟝파(周江法)로, 그의 조부 저우루이카이(周瑞楷)와 그 동생 저우루이싱(周瑞兴), 저우루이팡(周瑞方), 저우루이쉰(周瑞勋) 등 4형제가 모두 1923년 9월 3일 도쿄 오지마초(大島町)에서 피살당했다. 저우쟝파는 2013년 9월 7일 희생자 대표로 일본을 방문해 학살 현장인 오지마초에서 소흥주를 뿌리며 향을 피웠다.

저우쟝파는 원저우로 돌아와 유족들에게 일본에서 열린 90주년 추모 행사를 알렸다. 이게 계기가 되어 '간토대지진 피해 중국인 노동자 유족연합회'가 발족되었고 연합회는 각 마을마다 복수의 유족 대표를 선발해 정기적으로 일본 정부에 대한 배상 요구 및 희생자 가족 찾기 등의 사업을 추진하기로 다짐했다. 그리하여 이듬해인 2014년에는 9월 5일부터 10일까지 18명의 유족이 '간토대지진 학살 피해 중국인 노동자 유족 방일 제조(祭祖)대표단'을 조직해 일본에서 열린 91주년 추모 행사에 참석했다.

중국의 유족대표단은 추모회에 참석한 후 9월 8일 오전 일본 국회 앞에서 플래카드를 들고 시위를 했다. 오후에는 일본 외무성을 방문해 4개 항의 요구를 전달했다.

첫째, 국가적 책임을 지고 사실을 인정하고 1923년 간토대지진 당시 피살된 중국인 희생자 및 유족들에게 사죄할 것.

둘째, 1924년 일본 정부 내각이 결정한 배상 방침을 현행 국제관행과 물가 수준, 희생자 수에 따라 수정 후 배상할 것.

셋째, 학살 현장에 기념비 및 중국인과 한국인 희생자 기념관을 설립할 것.

넷째, 일본 역사교과서에 이를 기록하여 일본의 젊은 세대가 이를 배우고 교훈을 얻게 할 것.

2015년에도 연합회는 유족대표단을 구성해 도쿄에서 열린 92주년 추모행사에 참석했다. 유족대표단은 일본 외무성을 방문해 일본 정부가 2014년에 보낸 탄원서에 대해 아무런 응답이 없음을 항의하고 만족스러운 답변을 촉구했다. 2016년에도 중국 유족대표단은 일본 외무성을 재차 방문했다. 2017년에는 일본 중앙방재회의를 방문해 진정서를 제출했다. 외무성도 빼놓지 않고 방문해 세 번째로 촉구 서한을 전달했다. 2018년 제95주년 추모행사 때는 일본 사민당 부총재 후쿠시마 미즈호(福島瑞穗)를 만나 일본 국회의 성의 있는 태도를 요청했다. 코로나 이후에는 온라인으로 추도가 진행되었지만, 중국의 유족들은 일본 정부에 책임을 묻는 것을 멈추지 않고 있다.

예술과 랩으로
저항하고 기억하다

이이야마 유키

뉘우치지 않은 역사, 잘못을 빌지 않은 역사는 모습을
잠시 감추거나 숨길 수 있다. 그러나 결코 사라지거나 잊히지 않는다.
오지뇌병원 자료실에서 묻혀 있던 조선인의 피울음은
일본과 자이니치 두 청년 예술가 덕분에 햇살을 받았다.

"〈In-mates(수용자)〉는 상영할 수 없습니다."

"아니 왜요?"

"도쿄도의 방침이어서 어쩔 수 없습니다."

시각 예술가 이이야마 유키(飯山由貴)는 자신의 영상작품 〈In-mates〉를 상영할 수 없다는 '도쿄도 인권프라자'의 통보를 받고 깜짝 놀랐다. 인권프라자 전시실에서 2022년 8월 30일부터 11월 30일까지 이이야마의 기획전 '당신의 진짜 집을 찾으러 간다'가 열릴 예정이었고 〈In-mates〉는 조선인 정신병자를 다룬 다큐멘터리로 이 기획전의 부대상영작이었다. 또 이벤트로 관객과의 대화도 잡혀 있었다.

도쿄도 총무국 인권부는 2022년 5월 〈In-mates〉를 심사하더니 인권프라자 측에 상영불가 지시를 내렸다. 작품 속에 "간토대지진 당시 조선인 학살이 있었던 게 사실이다"라는 발언과 출연자 FUNI가 "조선인을 모두 죽여라"라고 외치는 가사를 문제삼았다. 이이야마는 여러 차례 인권프라자 측과 대화를 나눴다. 8월 2일에는 인권프라자를 관리하는 인권계발센터의 전무이사, 사무국장 등과 함께 토론도 했으나 소용없었다. 8월 30일 이이야마의 기획전 '당신의 진짜 집을 찾으러 간다'는 예정대로 열렸지만 〈In-mates〉는 끝내 상영되지 못했다.

이이야마 유키는 도쿄도의 검열을 받아들일 수 없었다. 1923년에 벌어진 조선인 대학살은 일본의 교과서에도 쓰인 사실이고, 작품 속 FUNI의 랩은 조선인 환자의 정신상태를 드러낸 표현인데 이를 혐오 발언이라고 딱지 붙이는 걸 수긍할 수 없었다. 일본

의 시민사회와 예술계도 이 사태를 근심스레 바라봤다. 전후 최악의 검열 사태였다는 '2019 아이치 트리엔날레'를 연상시켰기 때문이다. 이 전시회에는 안세홍 작가의 일본군 성노예 피해 여성 사진과 김운성·김서경 작가의 '소녀상'이 출품되어 일본 극우의 반대 목소리가 높았다. 스가 요시히데(菅義偉) 일본 관방장관은 개막 다음날 "일본 문화청의 보조금이 지급되었다"며 소녀상 전시를 문제 삼았다. 나고야시의 가와무라 다카시(河村たかし) 시장도 "일본인의 마음을 짓밟는 것이다"라며 "공적 자금이 사용된 장소에서 (소녀상을) 전시해선 안 된다"고 말했다. 일본 정계 실력자들이 우려를 나타내자 주최 측은 우익의 테러 협박을 핑계로 개막 사흘만에 소녀상의 전시 중단을 발표했다.[1]

이런 억압에 대해 아이치 트리엔날레의 '표현의 부자유전—그 이후' 기획에 참여한 오카모토 유카 실행위원은 "눈물이 흐를 것 같다"고 했고 예술감독 쓰다 다이스케는 "애끓는 심정이다. 예상은 했지만 도가 지나치다"라고 말했다. 트리엔날레 참여 작가들은 소녀상 철거에 맞서 작품 전시를 중단했고 일본 시민과 국제사회는 주최 측에 따가운 눈총을 보냈다. 결국 예술가와 시민의 요구

1　아이치 트리엔날레 2019 실행위원장을 맡은 오무라 히데아키 아이치현 지사가 2019년 8월 3일 오후 기자회견을 열어서 소녀상 전시 중지를 발표했다. 소녀상뿐만 아니라 소녀상이 포함된 '표현의 부자유전—그 이후' 전시 전체를 이날 오후 6시부터 중지한다고 발표했다. '표현의 부자유전—그 이후'에는 소녀상뿐만 아니라 '천황제' 비판이나 아베 신조 정부 비판이 표현된 예술작품, 안세홍 사진작가의 일본군 성노예 피해 여성 사진 등이 전시되고 있었다.

가 받아들여져 소녀상과 일본군 성노예 피해 여성 사진은 8월 7일 부터 다시 전시되었다.

이이야마는 아이치 트리엔날레로부터 3년 만에 다시 검열 사태가 발생한 것에 맞서기로 했다. 2022년 10월 28일 그는 랩을 했던 FUNI, 조선인 학살에 대해 해설을 한 도쿄대 교원 토노무라 마사루, 평론가인 오다와라 노도카와 함께 후생노동성 기자회견장에서 마이크를 잡았다. 이이야마는 전시회에서 작품을 놓고 관객과 대화를 많이 나눴지만 '표현의 자유'를 위해 발언대에 선 건 처음이었다.

운명처럼 만난 조선인 정신질환자, 그리고 조선인 래퍼 FUNI

〈In-mates〉는 26분으로 분량은 짧으나 장애인의 인권에 깊이 들어가는 이이야마의 예술 세계를 보여 주는 작품이다. 이이야마가 조선인 정신병자를 다루게 된 계기는 2014년 〈바다의 관음을 만나러 간다〉를 만들면서 찾아왔다. 〈바다의 관음을 만나러 간다〉는 정신질환자가 환각 증세를 말하면, 더 많은 약물을 먹어야 할까 봐, 보호실에 갇힐까 봐 두려워 속마음을 얘기하지 못하는 상황을 다뤘다. 이 작품을 제작할 때 이이야마는 의학사를 연구하는 학자 스즈키 아키히토(鈴木晃仁)에게 조언을 구했다. 스즈키는 도쿄대공습으로 없어진 오지뇌병원(王子脳病院)의 진료기록을 조사했는데 그의 연구실엔 엄청난 자료가 쌓여 있었다. 이이야마는 그 모습에 놀라면서 어쩌면 예술이 문서로만 남아 있는, 정신질환자의 삶을 되살릴 수 있지 않을까 생각했다. 이이야마는 이 기록 중에 1930년에 입소해서 1940년에 죽은 조선인 환자 두 명의 사연에 사로잡힌다. 조선인 환자는 "내 손이나 다리를 베어다오, 조선인을 죽여라"라는 말을 외치며 알 수 없는 노래를 불렀다고 했다. 환자 A가 기억하는 자신의 이름은 오카모토 신키치, 환자 B는 이름을 모르나 고향이 전라남도이며 생일이 3월 1일이라는 두 가지를 기억하고 있었다. 이이야마는 이들이 간토대학살의 후유증으로 정신병을 앓고 있던 게 아닐까 추측했다. 물론 단정할 수 없었다. 두 환자가 병원에 들어오게 된 경위가 진료기록에 없었기 때문이다.

하지만 이이야마의 추측은 일리가 있었다. 조선인 환자는 "조선인을 죽여라"라고 외쳤는데 일본 땅에서 조선인이 '조선인을 죽여라'라고 소리지를 리는 없는 일, 이는 간토대학살 당시 군경과 자경단이 조선인을 향해 외친 말이다. 그 현장에서 간신히 살아남은 사람이라면 깊은 트라우마가 남을 만했고, 실제로 생존자 중 정신적 문제에 시달린 이들이 존재한다. 1923년 10월 6일 《동아일보》에 실린 정인영에 관한 기사다.

일본에 가서 오랫동안 고학을 하던 정인영(鄭寅永, 30) 씨는 지난 9월 27일 밤 도쿄도 시모토즈카마지(東京府下 下戶塚町 趣訪) 173번지 무라마츠 방에서 친구들과 함께 자다가 새벽쯤 되어 가만히 일어나서 책상 위에 있던 면도칼을 들고 그 집 변소에 가서 머리와 가슴을 함부로 찔러 자살을 하였는데, 그 원인은 아직 알 수 없으나 그는 본래 자기의 처지를 비관하던 중 지난번 진재 당시에 가진 위험을 당하고 신경에 무슨 이상이 생겨서 그가 취한 듯하다는데, 그의 본적은 경상남도 하동군 청암면 상가리더라.

젊은 청년이 정신의 상처 때문에 자살했다는 내용이다. 앞서 '니시자키 마사오' 편에서 봤듯이 한성고등학교 교장이 된 이성구도 조선으로 돌아와 교단에 섰는데 학생들이 뒤에서 무리 지어 뛰어올 때마다 자경단에 쫓기던 기억이 떠올라 움찔움찔했다고 한다. 일본 경찰의 탄압으로 살아 돌아온 자들이 회고담을 제대로 남기지 못해 알려지지 않았을 뿐 후유증은 이렇게 깊었다. 앞서 소개한 조인승도 오랫동안 밤중에 일어나 발버둥을 치는 후유증에 시달렸다.

이이야마는 이들을 간토대학살의 후유증을 앓는 환자로 판단하면서 이들이 읊조리고, 중얼거린 노래가 무엇일까 궁금했다. 물론 가사는 없었다. 병원의 의사와 간호사는 모두 일본인이고 조선말을 몰라 적을 수 없고 적을 필요도 못 느꼈을 터이다. 다만 "조선인을 죽여라"라는 말은 입원해 있던 내내 반복했기에 남아 있는 듯했다. 이이야마는 이 노래의 정체를 곰파고 싶었다. 힌트를 얻은 건, 재일외국인 장애인 문제에 대해서 시민운동을 하던 자이니치 한 사람을 만나고 나서다.

"조선인 환자가 정신병원에서 매일 읊조렸던 노래가 무엇일까요?"

"아리랑 같은 노래일 수도 있지만 조선 사람은 한이 많아서 스스로 노랫말을 만들고 흥얼거리는데 이를 '신세타령'이라고 합니다. 이 가능성도 큽니다."

짧은 문답이지만 뭔가 실마리가 풀리는 느낌이었다. 어디선가 떠돌다가 정신병원에 들어온 환자가 매일같이 '신세타령'을 한다는 건 그럴 듯했다. 실제 환자의 진료기록을 봐도 그랬다.

<환자A>	<환자B>
<u>1933년 5월 10일</u> 작업을 중지했다. 약간 흥분 상태. 자위를 하고 있다. 큰소리로 노래하며 실내를 배회하고 환자 B와 말다툼한다. <u>1933년 5월 11일</u> 흥분이 계속된다. 분노가 계속 끓어오르고 있는지 정신상태가 예민했다. 노래를 부르며 돌아다녀 chloral(진정제)를 투약했다. 작업을 중단시킴, 자기 이름은 오카모토 신키치라며 노래하고 소리를 지른다. <u>1933년 5월 16일</u> 환자 B와 조선어로 말다툼한다. 그들은 같은 민족이면서 사이가 안 좋다. 저녁에 유리잔을 깨뜨렸다. 죽으려고 하는 것 같았다. 흥분 상태 계속된다.	<u>1933년 5월 11일</u> 작업 중이다. 혼자 불평불만을 중얼거린다. 자신은 평범한 사람이 아니라고 말한다. 환자 A가 말할 때는 상대하지 않으려 한다. 환자 A가 우정을 갖고 있다고 말해도 호응하지 않는다.

이이야마는 조선인 환자가 부른 노래가 '신세타령'일 것이라는 실마리를 찾고 나서 이 사연으로 작품을 만들고 싶었다. 마침 국제교류기금이 주최하는 '거리를 둘러싼 11가지 이야기'전의 초대

예술과 랩으로 저항하고 기억하다

작가가 되면서 제작비 문제가 해결되었다. 이이야마는 작품에 몰입했다. 영상감독 아오야마를 비롯 많은 사람의 조언을 듣고 신세타령 노래를 중심에 놓는 짧은 다큐멘터리로 제작 방향을 잡았다.

　무엇보다 자이니치 래퍼 FUNI를 만난 게 큰 힘이었다. FUNI는 어린 시절, 도쿄와 요코하마 사이에 있는 재일대한기독교 가와사키교회를 다녔다. 열네 살 땐가? 조선인에 대한 차별 때문에 힘겹게 사춘기를 보내던 어느 날 교회 선배가 그에게 랩이 담긴 CD한 장을 건넸다. 뜻을 이해하긴 어려우나 곱고 깨끗하게 부르는 찬송가와는 달랐다. 투박하고 거친 힘이 느껴졌다. FUNI가 랩에 흥미를 느낀 첫 번째 순간이었다.

　또 다른 계기는 고등학생 시절, 9·11 테러가 일어난 해였다. 당시 가와사키교회의 김성제 담임목사는 크리스마스 행사의 리허설을 열었다. 김 목사는 사카모토 류이치(坂本龍一)가 지뢰를 없애기 위해서 만든 곡을 주제음악으로 스크린에 사진을 한 장씩 띄웠다. 세계무역센터빌딩이 무너지고 도망치는 모습, 잇달아 팔레스타인 인민이 폭격을 당해 피 흘리는 모습이 나타났다. 평화의 메시지를 담되 미국의 시각만을 좇지 않는 구성이었다. 이때 스크린을 보던 FUNI는 자신도 모르게 "보아라, 저게 세계의 모습이다"라고 외치며 랩을 중얼거렸다. 예배당에 있던 학생들은 FUNI의 모습을 신기하게 바라보았다. FUNI는 그날 자신이 언젠가 래퍼의 길을 걷게 되리라고 느꼈다. 그 후 FUNI는 주로 영업 일을 하면서 노랫말과 곡을 쓰고 비록 무명이지만 래퍼로서의 한길을 걸어 왔다. 이런 이력을 지녔으니 조선인 환자가 불렀을 신세타령을 랩으로 되살리는 데 안성맞춤이었다.

영상작품, <In-mates>를 완성하다

〈In-mates〉의 촬영 무대는 가와사키항 해저터널에서 차량이 다니지 않는 인도 구간, 대여섯 명이 어깨를 나란히 하면 꽉 찰 정도로 좁았다. 형광등이 일정한 간격으로 설치되어 있으나 어둑해서 몸피만 눈에 들어오고 가까이 가야 얼굴을 알아볼 수 있는 침침한 곳이었다.

1,165미터에 달하는 터널의 거리는 조선인 대학살로부터 백여 년이 지난 시간을 나타내기에 적합했다. 축축한 조명은 학살의 현장에서 벗어날 수 없던 조선인의 마음 상태 같았다. '거리를 둘러싼 11가지 이야기'라는 전시 취지에도 장소가 어울렸다. FUNI는 가와사키교회에서 만난 친구와 조선인 환자의 마음을 드러내는 노래를 만들었다. 영상의 첫머리에 모습을 나타낸 FUNI는 터널에서 몸을 이리저리 흔들며 '신세타령'인 듯 '랩'인 듯 가슴 깊은 곳에서 소리를 길어 올린다.

무슨 일이야. 아무것도 기억이 안 나.
난 여기서 무엇을 하고 있는가.

그가 랩을 하는 사이 어디선가 가슴을 파고드는 배경음악이

자이니치 래퍼 FUNI는 조선인 환자의 한을
풀어내는 랩을 작품에 담았다.
촬영 현장인 가와사키항 해저터널에서의 모습이다.

화면 가득 퍼진다. 형광등은 껌벅이고 FUNI의 랩은 끊어질 듯 이어진다.

제발 나를 내보내 주세요. 내 이름은 오카모토 신키치. 난 일본에서 살 거야. 난 일본에서 살아갈 거야, 여기서라면 살아갈 수 있어. 난 여기서 살아갈 거야. 난 일본 사람이니까 조선 사람은 모두 말살이야. 난 일본인이니까 조선 사람 다 죽여 버릴 거야.

FUNI는 이 문단을 쓰기 위해 여러 날을 고민했다. 조선인 환자의 아픔, 그 정수를 표현하고 싶었기 때문이다. 그런데 도쿄도는 바로 이 부분이 혐오를 불러일으키는 헤이트스피치라고 지적했다. '조선 사람 다 죽여 버릴 거야'라는 한 구절만 보면 그렇게 보일 수 있어도, 작품의 전체 맥락을 보면 앞뒤를 살피지 않는 주장이다. 당시 겪었을 조선인의 고통과 의식에 대해 신세타령처럼 노래하는 것인데 한두 글줄만 잘라 내 차별을 선동한다고 딱지를 붙인 것이다.

학살 현장에서 가까스로 살아남은 조선인의 심리상태는 어땠을까? 태어나 처음 지진을 겪고 사랑하는 가족이 맞아서, 찔려서, 베어서 죽는 모습을 보았다면, 살아남기 위해 주린 배를 움켜쥐고 물속에서 산속에서 몇날 며칠을 지새워야 했다면 제정신일 수 있을까? 일조(日朝)협회 도시마(豊島)지부가 펴낸『민족의 가시』에 후쿠시마 젠타로(福島善太郎)가 남긴 유명한 회상이 있다.

고노다이의 기병대가 계속해서 피난민 대열을 제치고 모래 먼지를 일으키며 달려가고 있었습니다.

"조선 놈들을 군대가 때려 죽이고 있다네", "폭동을 일으키려 한 패거리야!", "뻔뻔스러운 놈들! 개새끼들!" 지금까지 발을 질질 끌다시피 걷고 있던 피난민들이 큰소리를 외치며 기세 좋게 달리기 시작했습니다. 나도 그만 이끌리듯 달렸습니다. 그리고 100미터 가까이 달렸을 때 군중들의 머리 너머 왼쪽 논 가운데서 무섭도록 참혹한 참상을 보았습니다. 조잡한 무늬가 있는 홑옷을 입은 사람 불에 그을린 청색 작업복을 입은 사람 등 일곱 명이 뒤로 손이 묶인 채, 게다가 염주 꿰듯이 엮인 채로 쓰러져 있었습니다. 그들은 분명 조선 사람들이었는데 창백한 얼굴로 뭔지 알 수 없는 말을 울부짖고 있었습니다.……

"씨부렁거리지 마, 새끼야!" 갑자기 한 사람의 군인이 총검의 개머리판을 크게 휘둘러 올리는가 싶더니 맨 끝에서 마구 몸부림치던 남자의 머리를 퍽 하고 내리쳤습니다. "앗!" 군중에게서는 아무 소리도 없었습니다. 그리고 모두들 고개를 돌리고 말았습니다. 이윽고 슬금슬금 시선을 돌렸을 때는 두개골이 바스러져서 새빨간 피가 부근에 튀어 흩어지고 손발을 바들바들 떨고 있었습니다. "아하하하, 꼴좋다!"……

"이 새끼들! 모두 때려 죽여 버려!", "좋아! 이 개새끼들!", "야! 이 불령선인 놈들! 뒈져버려!" 10여 명의 군인이 일제히 총과 개머리판을 휘둘러 댔습니다. 2일 오후 2시 전후로 이치가와로 건너가는 다리 앞 몇 초(町) 되는 곳에서 이 사실을 목격한 사람들이 분명 있

이
이
야
마
유
키

223

을 것입니다. 가슴을 찔려 흐릿하게 하늘을 쳐다보다가 숨이 끊어진 자, 거의 끊어질 정도로 팔이 잘린 채 진흙밭에 머리를 처박고 버둥거리던 자, 넓적다리가 석류 벌어지듯이 갈라져 터질 듯한 상처가 입을 벌리고 있던 자, 끊어지려는 숨을 진흙과 함께 들이마셨는지 가슴에 고통스럽게 헐떡이는 자 등의 광경은 지금 생각해도 오싹합니다.[2]

조선인이 아무런 이유도 없이 얼마나 끔찍한 고통을 겪었는지 또렷하게 보여 주는 장면이다. 이런 상황에서 가까스로 살아난 사람, 이런 장면을 어디선가 숨죽이고 지켜본 사람이 있었을 것이다. 그런 조선인의 정신이 온전할 수 있었을까? 이이야마 감독은 학살이 정신에 미친 상처에 주목했고 FUNI는 바로 이를 랩으로 표현한 것이다. 조선인 환자A를 표현한 노래는

어머니가 만들어 주신 미역국에 밥 말아 먹던 기억이 난다. 다시 한번 먹고 싶다.

라는 구절로 끝난다. 간절한 염원이었으리라.

2　『학살의 기억』170~173쪽에서 재인용.

검열과 금지에 맞서서

〈In-mates〉는 이런 작품이었다. 26분의 짧은 단편으로 100년의 시간을 건너뛰어 조선인에게 남긴 상처를 드러낸 다큐였다. 그런데 도쿄도는 〈In-mates〉에 오히려 조선인 차별을 선동한다고 딱지를 붙여 상영을 금지시켰다. 이는 억지 논리를 끌어다 붙인 것에 불과하다. 100주기를 맞아 일본 시민사회에서는 그 어느 때보다 "일본 정부가 진상을 밝히고 사죄해야 한다"라는 목소리가 높다. 도쿄도는 인권프라자에서 "조선인 학살이 사실이었다"는 〈In-mates〉의 메시지가 퍼지는 게 불편했다. 그를 통해 조선인 대학살에 대한 진상 규명의 열기가 높아지는 게 두려웠다. 그래서 상영을 금지하고 표현의 자유를 억압한 것이다.

도쿄도의 도지사 고이케 유리코는 학살에 대해 모호한 태도를 보이지만 일본 문부성에서 검인정을 받은 많은 교과서가 이를 역사의 진실로 기록하고 있다. 1977년 자유서방에서 발간된 『개정판 신일본사』는 "이 혼란 속에서 여러 악소문이 일어나 다수의 죄 없는 조선인과 노동운동가 등이 학살되는 사건이 일어나고 무정부주의자인 오스기 사카에 등도 헌병대에서 살해되었다"라고 기술하고 있다. 또 다나카 아키라(田中彰) 등이 공저한 2003년판 『일본사A』는 "학살 사건이 계속되었던 것은 민중 속에 뿌리 깊은 조선인, 중국인 멸시 인식이 있었기 때문이다"라고 원인을 분석했다. 이 외에 2011년에 시미즈서원에서 발행한 『신중학교 역사 일본의 역사와 세계』에서도 조선인은 학살당했고 학살의 주체가 군

도쿄도의 인종차별주의와 역사수정주의에 반대하는
기자회견을 연 이이야마와~ FUNI.

대·경찰·자경단이라고 적고 있다.[3]

그럼에도 고이케 유리코 도지사는 "무엇이 사실인지는 역사가가 밝혀야 한다"며 도지사로 취임한 이듬해부터 요코아미초 공원의 조선인 희생자 추도식에 추모사를 보내지 않았다.[4] 이런 상황을 보면 ⟨In-mates⟩의 사태는 고이케가 직접 지시를 하지 않았어도 도쿄도 총무국 직원이나 산하기관이 도지사의 생각을 헤아려 검열에 나섰다고도 볼 수 있다. 도지사의 직접 지시이건 부하직원의 충성심이건 본질은 달라지지 않는다. 검열이고 민족차별이며 조선인 대학살의 진실을 외면하는 태도일 뿐이다.

이이야마는 10월 28일 후생노동성에서 열린 기자회견에서 도쿄도의 검열 사태를 세상에 직접 알리고 도쿄도에 ⟨In-mates⟩의 상영 허가를 거듭 촉구했다. 도쿄도 의회에서 상영된 ⟨In-mates⟩를 보고 도쿄도의원 일부도 역시 시정을 요청했다. 하지만 도쿄도와 인권프라자는 눈 하나 꿈적하지 않았다. 이이야마도 이에 굴하지 않고 2022년 연말부터 서명운동에 들어가 2023년 3월 1일까지 30,138명의 온라인서명을 받았다. 이이야마는 이를 들고 다시 도쿄도를 찾아갔다. 그는 "인종차별주의와 역사수정주의에 반대한다"라는 문구를 수놓은 니트를 입고 도쿄도청사에서 기자회

---

3 다나카 마사타카, 「전후 일본의 역사교육과 관동대지진 조선인 학살 사건」, 『관동대지진과 조선인 학살』 중 수록.

4 이 책 '가토 나오키' 편에 고이케 유리코 도지사가 요코아미초 추도식에 추모사를 보내지 않게 된 과정을 상세히 정리했다.

견까지 열었다. 이날 회견장에는 많은 언론사가 모였지만 도쿄도 측은 미디어의 참여 없이 요청서를 받으려 했다. 또 인권부 담당 과장은 의견을 듣되 회담은 하지 않겠다는 입장을 고수했다. 도쿄도의 인권조례를 담당하는 인권부가 맞나 의문이 들 수밖에 없는 행동이었다.

한편 도쿄도는 이이야마의 이런 저항에 대해 여론의 눈치를 보아선지 인권프라자에 지침을 내릴 때 내세운 논리는 슬그머니 뒤로 물렀다. 대신 "재일코리안의 어려운 처지를 말하면 일본인이 반감을 가진다" 그리고 "〈In-mates〉가 '장애인과 인권'이라는 기획전의 취지를 벗어났다"는 점을 강조했다.

하지만 "재일코리안의 어려운 취지를 알리면 일본인이 반발한다"는 도쿄도의 말은 일본 시민사회에서 궁색한 변명이라고 비판을 받고 있다. 이런 식이면 도쿄도가 내세운 인권 과제인 "장애인, 노숙자, 어린이, 여성, HIV" 등과 관련된 12가지 정책에 대해서도 반발을 우려해 소수자나 약자에 대한 정책은 영원히 펼칠 수 없을 것이기 때문이다.

또 전시 취지에 〈In-mates〉가 부적합하다는 설명에 대해 3월 1일의 도쿄도 기자회견에 함께 한 사회학자 아케도 타카히로(明戸 隆浩)는 "'조선인 환자'는 조선인이어서 차별받고 정신질환자여서 차별받았다. 이중, 삼중의 고통을 받은 것이다. 〈In-mates〉에 담겨 있는 가장 큰 메시지는 바로 이런 복합차별에 관한 문제다. 그렇기에 〈In-mates〉는 '장애인과 인권'이라는 전시 취지에 가장 깊이 다가간 작품"이라고 반박했다.

한일 시민사회와 예술가들의 연대

이이야마와 FUNI는 검열 사태 후 표현의 자유를 위해 어디든지 달려가고 있다. 이들의 용기에 일본의 청년 학생, 시민사회, 예술가 단체는 많은 성원을 보냈다. '간토대지진 조선인 학살의 국가 책임을 묻는 모임'은 2022년 11월 2일 "도쿄도 인권부는 검열을 중지하라"라는 성명을 발표하고 "한국인 학살이 없었다면 증거를 대라"라고 목소리를 높였다. 2023년 3월 18일에는 일본의 미술 평론가연맹이 고이케 지사에게 〈In-mates〉는 인권프라자에서 정당하게 상영되어야 하고 이것이 인권프라자의 취지에 맞는다는 의견문을 전달했다. 한편 상영 금지가 되자마자 그의 모교인 도쿄예술대학 그리고 와세다를 비롯한 여러 대학에서 이이야마를 초청해 〈In-mates〉 상영회를 열고 응원을 보냈다. 2023년 3월 4일에는 가와사키시의 일본영화대학 하쿠산 캠퍼스에서 〈In-mates〉를 상영하고 '예술과 검열'을 주제로 간담회가 열렸다. 이날 자리에는 〈늑대가 나타났다〉를 부른 이랑도 참여해 한국과 일본의 예술가가 굳게 손을 잡았다.(가수 이랑은 2022년 제43회 부마민주항쟁 기념식에서 이 노래를 부를 예정이었지만, 행안부가 가사를 문제 삼고 노래를 교체하라는 요구를 해 공연에서 빠졌다.)

　〈In-mates〉 상영 후 관객과 대화가 열릴 때마다 참가자들은 많이 놀란다. 이이야마와 FUNI가 배경도 재능도 서로 다른데 어떻게 힘을 합쳐 이런 작품을 만들었을까 신기해하며 많은 격려를 보낸다.

관객들이 이이야마에게 빼놓지 않는 질문 중의 하나는 누구에게 영향을 받았는가이다. 이이야마는 "역사에 이름을 남긴 예술가보다 보통의 장애인이 받을 수 있는 연금을 국적이 다르다고 받지 못하는 현실을 보면서 작품의 동기를 발견한다. 또 장애인의 권리가 있다, 존엄성이 있다고 주장하는 사람의 용기 있는 행동을 보면서 예술이 장애 문제를 어떻게 껴안고 갈지 고민한다. 이런 만남, 이런 고민이 자신에게 소중했다"라고 답한다.

이이야마는 관객의 응원에 고마워하면서 "예술가의 수입이 워낙 들쭉날쭉한데 지금은 작품활동에 집중할 수 없어서 생활이 더 불안하다"고 어려움도 털어놓는다.[5] 그는 대화 마지막에 늘 "과거의 역사를 감추고 없애 버리는 행동은 민족차별·인권 무시와 연결되어 있다. 나는 인간의 권리와 자유를 막으려는 권력에 맞서 한국을 비롯, 세계의 형제들과 연대하고 싶다"라고 씩씩하게 말한다.

FUNI도 관객 앞에서 "나는 재일한국인으로서 아버지 어머니가 그런 노래를 가지고 어떻게 밥 먹고 살아가느냐, 노래로 저항해서 무슨 소용이 있어? 가만히 있어야 한다. 이런 압력을 많이 받았다"라며 과거의 어려움을 이야기한다. 그러면서 "이제까지 작업은 자신의 감정을 랩으로 바꾸는 것에 머물렀으나 〈In-mates〉를

5 이이야마는 이런 와중에 조금씩 다음 작품을 구상하고 있다. "일본에서 장애인을 위한 새로운 법이 2018년에 나왔다. 이 법이 장애인의 인권을 생각해서 만들어졌음에도 현장의 장애인 현실과 크게 거리가 있다는 비판이 많다. 법과 현실의 격차에 대해 질문을 하는 작품을 만들어 보려 한다"고 밝혔다.

통해서 역사문제, 민족문제를 작품으로 표현하는 것에 눈을 뜨게 되었다. 앞으로도 주제의식 있는 곡을 쓰겠다"라고 힘차게 말한다.

뉘우치지 않은 역사, 잘못을 빌지 않은 역사는 모습을 잠시 감추거나 숨길 수 있다. 그러나 결코 사라지거나 잊히지 않는다. 오지뇌병원 자료실에서 묻혀 있던 조선인의 피울음은 일본과 자이니치 두 청년 예술가 덕분에 햇살을 받았다.

언젠가 도쿄도 인권프라자 기획전시실에서 〈In-mates〉가 상영되는 날이 올 것이다. 그날은 역사에 길이 남을 터이다. 일본이 조선인 대학살을 인정하고 사죄하는 첫날과 다름없기 때문이다. 그날이 되도록 빨리 왔으면 좋겠다.

이이야마 유키의 예술 세계

작품 <In-mates>를 풍부하게 이해하기 위해서는 이이야마 유키가 걸어온 작품 활동을 되짚어 볼 필요가 있다. 2013년에 만든 <수증기·연기·하사품(湯気·けむり·恩賜)>은 그의 예술 인생에서 중요한 전기가 된 전시 작품이다.

이 작품은 다이쇼 일왕의 왕비 사다코의 사진이 담긴 스크랩북을 500엔에 구입한 게 계기였다. 이이야마는 "사다코가 나라(奈良)시대의 광명황후가 나병 환자를 욕실에서 치료한 것을 본받아 1930년 나병예방협회를 만들었다"는 사실을 알게 된다. 이이야마는 나병 환자를 위한 욕실이 남아 있는 법화사를 찾아가 목욕을 하고 나병 요양원을 방문해 죽어서 연기가 나야 고향에 돌아갈 수 있다는 환자의 말에 큰 인상을 받는다. 이런 조사와 고민 끝에 나온 작품이 바로 <수증기·연기·하사품>이다. 전시물에는 법화사의 사진과 광명황후의 설화를 묘사하고 그 옆에는 황후가 나병 환자를 위해 만든 단가(일본의 전통 시가)의 가사를 적어 놓았다. 이 노래를 입장객이 들어올 때마다 SP레코드로 들려주었다. 전시물 뒤쪽 방안에는 수증기와 연기가 피어나는 영상이 돌아가고 어떤 나병 환자가 아이를 입양하게 된 이야기를 들려주는 목소리가 나온다. 이이야마는 <수증기·연기·하사품>으로 작품에 역사를 담고 그늘진 곳에 있는 병자를 자신의 예술 주제로 맞아들인 것이다.

이이야마는 나병 환자를 다룬 이 작품을 계기로 조울증을 앓고 있는 동생에게 손을 내밀게 된다. 이이야마는 청소년 시절 동생의 병을 받아들이지 못했다. 환각과 환청 속에서 사는 동생은 중학생 때 오다 에이치로의 만화 <원피스>에 나오지 않는 캐릭터를 만들어 친구와 대화하고 마치 '위대한 항로'를 항해하는 듯 집안을 뛰어다녔다. 말을 걸어도 몸을 잡고 만류해도 소용없었다. 당시 이이야마는 이런 동생의 행동을 병이 아니라 관심을 끌려는 몸짓으로 바라보았다. <수

증기·연기·하사품> 이후 그는 동생과 부딪히는 게 싫어 나갔던 집으로 다시 들어간다. 그리고 동생을 받아들이면서 동생의 처지를 살피고 함께 살아가는 방법에 대해 깊이 고민한다.

동생은 자활을 위해 노력했지만 해리 증상이 따라다녔다. 기억, 의식, 정체감이 어느 순간 무너지곤 했다. 동생은 베란다 창문으로 뛰어내리려 하거나 밤에 거리를 방황했다. 보통 한 시간 정도 계속되는 동안 동생은 "진짜 집을 찾으러 간다"라고 중얼거렸다. 이이야마는 동생을 막지 않고 그 여정을 같이 하기로 한다. 함께 거리를 헤매고 달렸다. 그는 동생과 같이하는 이 과정을 표현하기 위해 고민했다. 이이야마는 동생과 자신의 머리 위에 각각 작은 카메라를 달았다.

"너는 어느 쪽 길로 가고 싶어?" "오른쪽."

"너의 진짜 집은 여기로 가면 돼?" "그래."

"너는 어떻게 이 길을 알아?"

이런 대화를 나누며 여정은 시작된다. 여행을 마치고 두 사람이 찍은 영상을 겹쳐 놓으면 흔하고 익숙한 풍경이 낯설게 된다. 동생을 받아들이고 동생과 함께 한 모험을 예술로 표현한 첫 번째 작품이었다. 작품 이름은 동생의 중얼거림에서 가져와 <당신의 진짜 집을 찾으러 간다>로 정했다. 어느 날 언니 이이야마가 만든 작품들을 본 동생은 "나는 환청과 환각을 더 자세히 얘기할 수 없어. 그러면 약이 늘거나 보호실에 갇혀"라는 말을 했다. 이때 이이야마는 정신질환자가 단지 약물 처방이나 감금의 대상만이 아님을 깨닫는다. 2014년에 만든 <바다의 관음을 만나러 간다>는 '보호실에 갇힐까 봐 자신의 마음을 말하지 않는' 환자의 마음속과 머릿속을 이야기하려 한 작품이다 이렇게 이이야마는 동생의 이야기에서 출발해 정신질환자에 대한 사회의 시선, 이들의 인권, 이들에 대한 돌봄 문제로 주제의식을 넓혀갔다. 이이야마의 예술 세계에 시나브로 장애인과 인권이라는 주제가 뿌리를 내렸고 이것이 <In-mates>로 이어진 것이다.

천승환

천승환은 80일 동안 걷고 찍으며 많은 질문을 길어 올렸다.
내가 찍은 사진이 조선인 대학살에 대한
한국 사회의 무관심을 흔들어 깨울 수 있을까?
1923년! 100년 전의 아픔, 아우성, 분위기를 이미지로
표현할 수 있을까? 한다면 그 방법은?

청년 사진작가 천승환은 2023년 3월 6일 일본으로 떠났다. 간토 조선인 대학살 100주기를 맞아 80일 동안 관련 사적지 40여 곳을 사진으로 남기기 위해서였다. 14일째 되는 날은 사이타마현의 구마가야시를 방문하는 일정, 유코쿠지(熊谷寺) 오하라 묘지에 있는 공양탑을 청소하고 있을 때 한 할머니가 다가왔다.

"혹시 젊은이는 이 비석과 관계가 있나요?"

"아닙니다. 저는 역사를 공부하는 한국 학생입니다. 이 공양탑이 간토 조선인 대학살 때 숨진 분들을 추모하는 비여서 청소를 하고 있습니다."

할머니는 고개를 끄덕이며 구마가야시에서 벌어졌던 일을 자신도 안다며 미안하다고 했다. 할머니가 돌아서고 천승환은 청소를 계속했다. 오하라 묘지의 공양탑은 한 길 높이라 제법 시간이 걸렸다. 천승환이 이번 작업을 계획할 때 청소는 머릿속에 없었다. 하지만 첫 방문지인 구라가노의 큐혼지(九品寺)를 갔을 때 생각을 바꿨다. 돌보는 이가 없어 주변은 어지럽고 추도비 몸돌에는 때가 잔뜩 껴 이를 못 본 체 할 수 없었다. 촬영 결과물도 지저분할 터이니 깨끗하게 돌보고 셔터를 누르기로 했다. 칫솔과 편의점에서 사 온 솔로 먼지를 털어 내고 주변을 쓴 다음, 물로 겉면을 닦았다. 문제는 음각으로 새긴 글자 사이에 낀 흙먼지, 오랜 세월 탓에 거의 돌덩이처럼 굳어 있어 칫솔로는 어림없었다. 손톱깎이에 달린 칼날이 안성맞춤이었다. 표면을 물로 닦고 주변을 청소하는 건 어렵지 않으나 글자 사이사이 더께를 걷어 내려면 한두 시간이 훌쩍 지나기도 했다.

"아직도 청소 중이네요."

천승환이 땀을 닦으며 고개를 드니 좀 전에 인사를 나눈 할머니였다. 뒤에는 아들과 손자가 보였고 꽃도 들려 있었다. 할머니는 손자에게 100년 전 비극을 설명하며 가족과 함께 추도비에 예를 올렸다. 순간 천승환은 마음이 울컥했다. 학살 현장에서 돌아온 사람의 회고에 '의로운 일본인'의 도움으로 살았다는 얘기가 있는데 마치 그 현장을 마주한 것 같았다.

청소를 마치고 공양탑의 사진 촬영까지 끝내니 어느 결에 묘지에는 노을이 찾아들고 어디선가 고적한 새 울음소리가 들렸다. 100년 전 간토 지방 어디서나 조선인의 피가 흘렀듯 이곳도 그랬다. 구마가야에서 일어난 학살은 사이타마현의 내무부장이 보낸 공문서가 시작이었다. 지진의 피해가 거의 없던 지역임에도 "불령선인이 우리 현에 들어올지 모르니 적당한 방책을 강구하라"는 문서가 각 시·정·촌에 도달했고 그 이후 사이타마 여러 곳에서 학살이 시작되었다.[1] 도쿄에서 지진의 참화와 학살을 피해 조선인은 지바, 사이타마 등 도쿄와 인접한 지방으로 황급히 달아났다. 사이타마로 들어가기 위해선 반드시 가와구치를 거쳐야 하는데 현의 지시를 받은 자경단은 이곳에서 쫓기는 조선인을 낚아챘다.[2]

1   이 책 '강덕상' 편에 사이타마현의 공문서 전문이 실려 있다.
2   야마다 쇼지의 『민중의 책임』 30쪽에는 "관동대지진 50주년 조선인희생자조사·
    추도실행위원회의 조사에 따르면, 구마가야 그 주변에서 살해당한 조선인의 수
    는 68명에서 79명 사이다"라고 쓰여 있다.

가토 나오키가 쓴 『9월, 도쿄의 거리에서』에는 구마가야시의 학살에 대한 상세한 서술이 나온다.

와라비에서 오미아, 그리고 오케가와까지, 마을에서 마을로 옮겨지며 그들은 계속 걸었고, 4일 저녁에야 구마가야에 도착했다. 와라비에서 출발하여 50킬로미터, 30시간에 걸친 도보 행군이었다. (중략)

인수인계 장소였던 자갈밭 근처에 조선인 행렬이 들어서자 사람들이 우르르 몰려들었다. "우리 숙모나 형, 조카들을 이 조선인들이 죽여 버렸을 거란 말이지. 집도 불태웠을 거라고. 이놈들은 우리의 적이야!"라며 폭력을 부추기는 자도 있었다. 20명 이상이 여기서 살해되었다. (중략)

도망가지 않고 얌전히 밧줄에 묶인 채 연행되어 가던 사람들도 가차 없는 폭행을 당했다. 한 주민은 이렇게 증언한다.

"그때 저는 일본도를 들고 나온 사람이 조선인을 베어 버리는 것을 바로 눈앞에서 보았습니다. 주변 사람들의 '하지마 하지마'라는 말에도 아랑곳없었습니다. 집에 있는 일본도를 들고 나왔다면서, 이런 때가 아니고서야 언제 베는 맛을 경험해 보겠냐고, 그래서 칼을 썼다고, 그는 말했습니다."

그들이 최종적으로 도착한 곳이 바로 심야의 유코쿠지 경내였다. 살아남아 있던 조선인의 대부분은 바로 이곳에서 "만세, 만세" 소리 속에 살해되었다.

천승환

이런 아픔이 있는 곳이 구마가야시이며 유코쿠지 경내였다. 천
승환이 유코쿠지 경내를 벗어났을 때 거리는 어둑했다. 버스정거
장까지는 30분 이상을 걸어야 한다. 차비를 아끼려고 웬만한 거
리는 두 다리로 움직인다. 할머니가 격려하고 가족까지 참배하는
모습에 기뻤다. 하지만 해가 지고 어둠이 내리니 구마가야의 학살
장면이 눈앞에 어른거리는 듯해 몸이 무거웠다.

천승환의 마음을 더욱 아프게 한 건 공양탑의 비문이었다. 구
마가야시에서 세탁소를 하던 조선인 한 씨가 노력해 죽은 동포를
기리는 공양탑을 1938년 유코쿠지 경내에 세웠다. 이때 구마가
야 시장이 쓴 비문은 다음과 같았다. "그들의 숭고한 희생으로 우
리 동포 국민이 자각하고 반성하여 긴장하며 건실한 풍기를 조성
하도록 촉구하게 되었으니 그 기여와 공덕은 더할 나위 없이 크
고……." 천승환은 이 구절을 읽으며 숨이 턱 막혔다. 마치 조선인
이 죽어 일본인의 도덕심이 향상되었다는 서술은 아무리 좋게 받
아들여도 모욕이고 숨진 이를 두 번 죽이는 구절이었다.

숙소로 들어가는 길에 천승환은 편의점에서 저녁을 때우고 사
케 1.8리터 한 병을 샀다. 좋아하는 술을 되도록 참았는데 오늘은
취하고 싶었다. 하루의 촬영이 끝나도 숙소에서 할 일이 많다. 내
일 일정도 챙겨야 하고 무엇보다 촬영 이미지를 정리해야 한다.
256기가 메모리카드 두 장을 가져왔으나 한 곳에서만 RAW파일
(가공, 압축이 없는 대용량의 원시 데이터 파일)로 수백 장을 찍기에 금
세 꼭 찬다. 이를 외장하드로 옮겨야 다음 날 촬영을 할 수 있다.
혹시 외장하드도 숙소를 옮겨 다니다 잃어버릴 수 있으니 대학원

천승환은 무거운 배낭을 메고 일본 간토 지방의
조선인 학살 사적지를 다니며 참배하고, 사진을 남겼다.
그의 사진 자료는 온라인에 무료로 공개될 예정이다.

에서 제공하는 서버에 별도로 파일을 올려야 한다. 은근히 시간이 드는 작업이다. 그래도 천승환은 이날 밤 취하고 싶었다. 사케 한 잔에 육포 한 점씩, 취해서 잠들고 싶었다.

촬영 55일차 — 오카와 쓰네기치를 기리는 비 앞에서

촬영 55일차, 이날은 오카와 쓰네기치(大川常吉)를 기리는 '감사의 비'를 찾아가는 일정이다. 요코하마의 캡슐호텔을 나서는데 다른 날보다 몸이 훨씬 무거웠다. 천승환은 이번 작업을 준비하면서 열심히 근력운동을 했다. 몸무게도 10킬로그램이나 뺐다. 하지만 여행 중반을 넘어가니 허리와 무릎이 경고 신호를 보냈다. 그가 짊어진 배낭의 무게 탓이다. 카메라 몸통에 광각, 표준, 망원 줌렌즈가 3개, 거기에 표준, 망원 단렌즈가 각각 1개씩, 렌즈만 다섯 개다. 휴대용 플래시와 삼각대, 노트북에 물통까지 넣었으니 얼추 20킬로그램에 가까운 무게다. 게다가 하루 평균 만 보 이상을 걸으니 몸뚱아리가 아우성칠 만했다.

천승환은 스물네 살인 2017년에 일본, 중국, 러시아, 베트남 등 적지 않은 나라를 여행했다. 그는 중학교 때 무전여행으로 세계를 돌아다니겠다는 꿈을 꿨다. 철이 들며 무전여행은 불가능한 걸 알았지만 세계여행의 꿈은 포기하지 않았다. 전주한옥마을에서 사진 촬영을 하며 어렵게 여행경비를 마련했고 대학에서 역사를 공부하고 있으니 기왕이면 뜻깊은 여행을 하고 싶었다. 그래서 2017

년에 시작해 2018년으로 이어지는 140일 여정, 이름하여 '국외 사적지 역사기행'을 계획하고 여행길에 올랐다. 강제징용과 원폭 관련해서 나가사키를 둘러봤고 오사카·교토·나라에서는 백제 도래인의 발자취를 더듬었다. 중국의 동북 3성에서 항일무장투쟁의 격전지를 거닐고 연해주에 있는 독립운동 유적을 살폈다. 천승환은 베트남의 꽝남성과 꽝응아이에서 민간인 학살과 관련된 위령비와 증오비를 돌아볼 때 작은 변화를 꾀한다. 그전에도 나름 고민하며 셔터를 눌렀지만, 한층 더 '기록'이란 단어를 새기며 어떻게 하면 더 좋은 사진으로 남길 수 있을까를 고민했다. 그때부터 여행은 진지한 기록 작업이 되었다.

한국으로 돌아오고 나서 천승환의 '국외 사적지 역사기행'은 '대한민국 국외 사적지 역사지도 작업'으로 한 걸음 나아간다. 역사기행 얘기를 들려주면 모두 이렇게 물었다. "그런 데를 어떻게 가야 해?" 그래서 그는 국외 사적지를 온라인에서 누구나 찾아볼 수 있는 지도로 만들겠다고 마음먹는다. 독립운동, 강제징용, 일본군 위안부, 베트남 참전 등 한국의 역사와 관련된 장소의 종류는 다양했다. 일본, 중국, 러시아, 몽골, 필리핀 등 총 37개국 700여 곳의 사적지를 정리했다.[3] 각종 사이트나 책을 참고하고, 위성

---

3 대한민국 사적지 온라인 지도에는 일본, 중국, 러시아, 몽골, 대만, 홍콩, 필리핀, 말레이시아, 싱가포르, 인도네시아, 베트남, 태국, 미얀마, 인도, 우즈베키스탄, 카자흐스탄, 터키, 그리스, 이탈리아, 스위스, 독일, 벨기에, 네덜란드, 프랑스, 영국, 스웨덴, 룩셈부르크, 덴마크, 에티오피아, 남아프리카공화국, 미국, 캐나다, 콜롬비아, 멕시코, 쿠바, 호주, 뉴질랜드까지 총 37개국 700여 곳이 담겼다.

지도와 로드뷰를 돌려봤다. 인터넷에 올라온 사진을 보며 '여기다'라고 장소를 짚었다. 연락이 닿는 해당 국가 사람이 있으면 도움을 청해 어떤 주소나 GPS좌표보다 정확하게 만들었다. 구글의 '내 지도' 기능을 이용해 압정을 꽂듯 한 곳 한 곳 표시하고 이미지와 해설문을 달았다. 30분 내에 작업이 끝난 장소도 있고 1주일을 헤맸던 경우도 있다.

간토 조선인 대학살 사적지 방문과 기록 작업은 국외 사적지 역사지도의 내용을 더 알차게 채우는 의미도 있었다. 간토 일원에 있는 유적지의 제대로 된 주소와 사진이 없다는 게 천승환의 투지를 불태웠다. GPS주소만 정확하면 누구나 참배하고 아픔을 기릴 수 있으련만, 제대로 된 사진 기록물이 있다면 연구자건 시민운동단체건 풍부하게 활용할 수 있으련만 그렇지 못해 안타까웠다. 그래서 2017년의 140일 여행 이후 1,829일 만에 배낭을 메고 떠나온 것이다.

여행경비 마련은 쉽지 않았다. 왕복 비행기표에 80일 동안 먹고 움직여야 하는 비용은 살던 집의 보증금 1,000만 원을 빼 마련했다. 또 46만 컷이나 찍어 간당간당한 소니카메라 A7M3의 셔터를 20만 원 주고 갈았다. 사적지의 전경을 넓은 화각으로 담으려고 350만 원이나 되는 광각렌즈도 장만했다. 이래저래 이번 사적지 촬영을 위해 1,500만 원이나 들인 셈이다. 친구와 선후배, 은사의 도움이 있었지만 가난한 대학원생으로서는 큰 지출이고 결단이었다.

오카와 쓰네기치를 기리는 비는 요코하마시 도젠지(東漸寺)에

천승환이 공들여 작업한 대한민국 국외 사적지 역사지도.
https://blog.naver.com/shs557/222094876428

있다. 이번 천승환의 일정 중에서 오카와 쓰네기치를 찾아가는 건 특별한 일정이다. 그는 일본인이고 요코하마시 쓰루미 경찰서의 서장이었기 때문이다.

지진의 혼란 속에서 쓰루미 경찰서는 많은 조선인과 중국인을 보호하고 있었다. 그런데 지역 주민들이 조선인을 죽여라라고 외치며 몰려와 경찰서를 에워쌌다. 조선인 편을 드는 경찰서 따위는 부숴버려라라는 소리가 높았다. 오카와 서장은 군중 앞에 나서서 유언비어는 아무런 근거도 없다. 소지품을 검사했지만 무기 하나 갖고 있지 않다고 하며 해산을 종용했다. 이런 오카와 서장의 태도에 군중들은 잠잠해졌다.[4]

많이 알려진 그의 일화다. 1923년 10월 21일자《요미우리신문》에 따르면 조선인 326명, 중국인 70명이 보호받았다고 한다. 이를 기려 1953년 3월 21일 재일조선통일민주전선 쓰루미위원회가 오카와를 기리는 감사의 비를 도젠지에 세웠다.[5]

4   오카와 쓰네기치의 일화는 여러 버전이 있다. 여기선『한국과 일본, 역사 인식의 간극』131쪽 내용을 줄여서 인용했다.

5   1995년 12월 오카와 서장의 손자 오카와 유타카가 서울에 있는 어느 병원 행사에 초대받아 내한한 적이 있다. 내한 당시, 그의 나이는 61세였다. 유타카 씨는 200여 명의 병원 스탭들 앞에서 이런 말을 했다고 한다. "너무나 따뜻하고 뜨겁게 맞아주셔서 말을 잇지 못하겠습니다. 그런데, 할아버지께서 하신 일은 이토록 칭찬받을 만한 일인가요? 당시 일본인은 한국(남한)과 조선(북한)에 입에 담기 힘

천승환은 도젠지에 도착해, 순서에 따라 청소를 하고 향을 올렸다. 다음이 촬영, 70-200GM 망원렌즈를 끼고 200밀리미터까지 당겼다. 조리개는 F9까지 조여 비문을 또렷하게 담았다. 그 후 광각과 표준으로 갈아 끼우며 정면과 양옆, 뒷면까지 촬영했다. 시간은 4시에 가까워 한낮의 햇빛처럼 딱딱하지 않았다. 만족스러웠다.

천승환이 사진에 눈을 뜨게 된 건 2014년 LG하우시스에서 진행하는 독도 사랑 청년캠프에 참여하면서부터다. 캠프에서 고수 두 명을 만났다. 기법이 훌륭한 친구와 자기만의 사진철학을 가진 친구. 그때부터 천승환은 진지하게 사진에 다가섰다. 대학원에 들어가 미학을 공부하고 많은 작가의 작품을 살폈다. 군함도를 비롯 강제연행의 상처를 찍은 이재갑, 위안부 관련 작품 활동을 오랫동안 한 안해룡, 디아스포라의 삶을 기록하는 성남훈에게 영감을 받았다. 어렴풋하게나마 자신이 가야 할 길이 다큐멘터리 사진임을 깨닫는 시간이었다.

그는 사진 촬영을 하면서 큰 보람을 느꼈다. 2017년의 국외 사적지 촬영도 그렇고 이번 간토학살 유적지 촬영도 그랬다. 자신의 사진 세계가 쭉쭉 자라나는 것 같고, 잊힌 사건이 자신의 작은 사진 한 장으로 어둠을 찢고 나올 수 있다는 게 기쁨이었다.

그런 마음 탓인가? 천승환은 이번 여행에서 한 곳에서 보통

든 심한 짓을 자행하였기에, 당연한 행동이 미담이 되어 버린 것 같습니다. 그러기에 제가 일본인으로서 여러분께 드릴 수 있는 말은 이것밖에 없는 것 같습니다. 미안합니다."(김보예 시민기자, 《오마이뉴스》 2019년 9월 19일자)

많은 조선인과 중국인을 보호한 오카와 쓰네키치 서장을 기리는 감사의 비.

700~800번 이상 셔터를 누르며 정성을 기울였다. 또 아이폰의 Lidar 3D스캐닝 프로그램으로 영상데이터까지 만들었다. 한국에 돌아가면 장소별로 10장 안팎을 추려 보정 작업을 할 계획이다. 우선 JPEG파일로 공개하고 나중에 RAW파일로 누구나 내려받을 수 있게 데이터를 풀 생각이다.

오카와 쓰네키치를 기리는 감사의 비를 떠나오면서 천승환은 여러 생각에 잠겼다. 그는 이번 작업을 떠나기 1년 전부터 인터넷 검색과 논문으로, 또 가토 나오키의 『9월, 도쿄의 거리에서』, 야마다 쇼지의 『민중의 책임』 강덕상의 『학살의 기억』을 읽으며 준비를 했다. 그때 눈에 들어온 게 조선인을 보호하려고 노력한 몇몇 일본인이었다. 오카와 쓰네키치 외에도, 미쓰자와에 살던 해군 대령 무라오 리키치(村尾履吉)는 조선인 희생자들을 위한 공양탑을 세우고 매년 9월 1일 법요를 진행했으며, 사나다 자아키(眞田千秋)는 위험을 무릅쓰고 조선인을 숨겨 주어 목숨을 건지게 했다. 천승환은 이번 여행에서 세 사람의 사적지 답사를 방문 계획에 넣었다. 물론 여러 시각이 있다. 오카와는 경찰서장이니 주민 보호는 마땅한 일을 한 건데 그렇게 칭찬할 필요가 있냐는 시각도 있다. 또 일본의 극우가 "일본 경찰이 자경단으로부터 조선인을 보호했다. 이것이 일본의 참모습이다"라며 오카와를 활용하고 있으니 사정이 고약했다. 하지만 천승환은 모두 조선인을 박해할 때 인간애를 발휘한 일본인에게 머리 숙이는 일은 의미 있다고 판단했다. 가네코 후미코가 박열과 동지애를 나눴고 후세 다쓰지가 2·8독립선언을 한 유학생과 연대한 것처럼, 일본과 한국의 청년이 손을 잡아야 극우로 치닫는 양국 정부를 제어할 수 있다고 생각했다. 그런 마음으로 오카와 쓰네기치의 비를 찾았고 촬영이 끝났을 때 오기 잘했다고 자신을 칭찬했다.

촬영 68일차—한국인이 세운 유일한 위령 시설인 보화종루

익숙해지고 단련된 탓인가, 60일이 넘어가면서 허리 통증은 사라졌다. 65일에 걸쳐 군마, 사이타마를 거쳐 도쿄, 가나가와현을 오갔다. 이제 지바현과 나리타(成田)시의 사적을 찾아가면 80일의 일정은 다 끝난다. 72일차가 되는 날 천승환은 지바현 야치요시의 간논지로 향했다. 실은 나흘 전에도 왔는데 비가 내려 '보화종루'를 제대로 촬영할 수 없었다.

　간논지의 보화종루는 깊은 사연을 간직하고 있다. 한국에서 자칫 영원히 잊힐 뻔한 간토학살 사건의 기림운동이 일어난 건 극작가 김의경과 민속학자 심우성 덕분이다. 김의경은 1985년 간토대학살을 다룬 희곡 〈잃어버린 역사를 찾아서〉를 쓰기 위해 답사를 하던 중 지바현 간논지에서 조선인 위령 푯말을 발견한다. 이 푯말에는 내력이 있었다. 1959년경 한 노인이 간논지의 세키 고센 주지를 찾아와 절에서 300미터 정도 떨어진 나기노하라 들판에서 학살된 조선인을 추모하고 싶다고 말했다. 그 노인의 고백 덕에 간논지에 위령 푯말이 세워지고 해마다 9월에 위령제가 열렸다.[6]

한국인의 손으로 세운 유일한 위령 시설인
보화종루와 그 안의 위령종.

김의경은 한국으로 돌아와 이 사연을 전하며 한국인의 손으로 제대로 된 위령 시설을 건립하자고 문화예술계에 제안한다. '위령의 종 보내는 모임'이 발족되고 민속학자 심우성이 실무 책임을 맡게 되었다. 고맙게도 세키 고센은 위령 시설 건립터로 간논지 땅 한쪽을 내주었다. 한국인과 일본인이 차별 없이 살아가자는 뜻으로 보화(普化)라 이름 붙인 종과 한국의 기와와 목재에 단청을 입혀 만든 종루는 1985년 8월 바다를 건너 간논지에 세워졌다.(이 과정은 오충공 감독의 〈불하된 조선인〉에 영상으로 담겼다.) 이런 사연 때문인가? 1998년에는 다카츠구 주민들이 나기노하라 학살 현장에서 발굴한 유해를 항아리에 담아 간논지로 옮겼다. 다음 해인 1999년 9월에는 위령비를 건립하고 조선인 희생자 6명의 유골을 안치함으로써 간논지는 조선인 학살의 역사를 증명하는 장소가 되었다.

천승환은 보화종루를 촬영하는 데 많은 시간을 들였다. 지은 지 40여 년이 지나 단청도 다 벗겨지고 잦은 지진으로 기둥이 밑둥부터 여기저기가 갈라져 보기가 안타까웠다. 한국과 일본을 통틀어 우리 손으로 지은 단 하나의 위령 시설이 무너진다면 영령을 두 번 죽이는 꼴이 될 것 같았다. 마침 한국의 시민단체 '유라시아문화연대'(이사장 신이영)에서 100주년을 맞아 보수작업에 나섰으니, 사

6　1973년 간토대지진 50주년을 계기로 지바현 내 여러 곳에서 시민들이 조선인 피해에 대한 조사를 시작해 자료집도 나오고 1978년에는 지바현 간토대지진 조선인 희생자 추도 조사실행위원회가 결성되었다. 1983년 9월부터는 간논지와 타카츠구, 지바현 간토대지진 조선인 희생자 추도 조사실행위원회가 함께 9월 첫 토요일 또는 일요일에 추모제를 열었다.

진을 잘 찍어 현재의 상태를 생생히 알리는 데 도움이 되고 싶었다.

100주기를 맞아 다시 일본으로

천승환은 여정을 무사히 마치고 5월 26일에 한국으로 돌아왔다. 처음에는 40곳을 계획했으나 현지에서 추천받은 곳을 더해서 가다 보니 70여 곳이나 촬영했다. 80여 일 동안 엄마의 닭볶음탕이 그리웠다. 작업비가 부족하니 햇반에 반찬 한두 가지로 아니면 편의점 도시락으로 끼니를 때웠다. 후원해 준 이들이 한결같이 잘 먹고 다니라고 했건만, 캡슐호텔에서 밥을 해 먹을 수도 없고 좋은 음식을 끼니마다 사 먹을 수도 없는 일. 가끔 소고기덮밥을 먹거나, 더러 돈까스를 먹는 사치를 누렸다. 편의점 도시락이나 햇반으로 저녁을 때운 날은 금세 허기가 져 엄마의 닭볶음탕이 눈에 삼삼했다. 공항에 내려 엄마의 안부보다 닭볶음탕 차려 놓으라는 주문부터 했으니, 석 달 내내 걱정하신 어머니가 서운하셨을 테다.

천승환은 돌아와 쉴 틈이 없었다. 우선 전시 준비를 해야 한다. 전시회는 100주기인 9월 1일에 맞춰서 하고 싶었는데 서울에서 전시장을 구할 수 있을까 걱정이 컸다. 다행히 성북구청의 최인담 학예사가 천승환이 페이스북에 연재한 글을 보고 "성북구청이 운영하는 '문화공간 이육사'에서 초대전을 해보자"라는 제안을 줬다. 공간은 작아도 이육사를 기리는 곳에서 할 수 있다는 점이 기뻤다. 8월 29일부터 9월 24일까지 날짜를 잡고 전시회 제목은 간토대지진 조선인 학살 100주기 추모 사진전 '봉분조차 헤일 수 없는 묻엄'으로 잡았다. 7만 장 중에서 추리고 추려 20점 정도를 걸 생각이다.

또 하나 닥친 과제가 대학원 논문. 계획서를 내야 할 때가 다가왔다. 그는 역사문화콘텐츠를 전공하고 더 깊게 공부하고 싶어 건국대학교 대학원 문화콘텐츠 학과에 진학했다. 학부 때와 달리 대학원에선 '왜'라는 질문을 많이 했다. '왜' 내가 이 역사를 마주하는지, '왜' 내가 이 역사를 사람들에게 잊지 말자고 하는지. 그런 고민을 많이 했다. 이번 80일간 촬영한 작업물로 석사논문을 쓰겠다는 방향은 세웠지만 어떻게 쓸진 아직 못 정했다. 7월 말까지는 결론을 내야 한다. 천승환은 80일 동안 걷고 찍으며 많은 질문을 길어 올렸다.

나름대로 의미를 새기고 출발했지만 추도비를 사진으로 남긴다는 게 정녕 의미가 있을까?

내가 찍은 사진이 조선인 대학살에 대한 한국 사회의 무관심을 흔들어 깨울 수 있을까?

1923년! 100년 전의 아픔, 아우성, 분위기를 이미지로 표현할 수 있을까? 한다면 그 방법은?

여러 질문이 올라왔다. 쉽게 해답을 찾지 못했다. 특히 호센카의 니시자키 마사오가 알려 준 도쿄의 학살지 열한 곳을 돌 때는 막막했다. 대부분 아무런 흔적도 없고 그 땅의 주소가 바뀐 경우도 많았다. 표지석조차 없는 현장에 서면, 이 터를 사진으로 남기는 게 무슨 의미가 있을까? 여기 흘렀던 피눈물을 사진으로 전하는 게 가능할까? 이런 회의가 밀려 왔다. 천승환은 이런 고민과 질문의 해답을 대학원 석사논문과 전시회에서 나름 드러낼 터이다.

천승환은 전시회를 열자마자 8월 31일부터 8일간 일본으로 2차 촬영에 나선다. 7만 장을 정리해 보니 미흡한 점도 눈에 띄고, 무엇보다 일본에서 100주기를 맞아 다양한 추도회가 열리는 데 그 안에서 움직이는 사람의 모습을 찍고 싶어서다. 8월 31일, 사이타마에서는 구학영 추도식을 카메라에 담을 작정이다. 9월 1일, 극우의 저지선을 뚫고 요코아미초 공원에서 열릴 추도식에선 뜨거운 함성을 놓치지 않을 생각이다. 9월 2일 저녁 7시, 일본 국회 앞에서 개최되는 촛불집회에선 프레임 안에 간절함을 채워 넣을 계획이다.

9월 6일까지 이어지는 2차 촬영을 마치고 돌아올 때 천승환은 간토 조선인 대학살이라는 거대한 역사 속에서 또 어떤 질문을 길어 올려서 돌아올까? 아마도 학살에 대해 우리 사회가 지난 100년 동안 침묵한 것에 돌을 던지는 질문이 아닐까?

간토대지진 조선인 학살 다크투어 안내서

본 역사기행 안내글은 이 책을 읽고 간토대지진 조선인 학살지를 방문하고자 하는 사람들을 위해 정리했습니다. 모든 장소는 실제 사건이 있었던 장소(학살지)와 현재 남아 있는 위령비나 감사비를 중심으로 구성하였습니다. 도쿄를 중심으로 사이타마, 지바, 가나가와 지방 위주로 정리했습니다. 지역별 특성을 비교하는 것도 의미 있으리라 봅니다. 참고해서 찾아갈 수 있게 지도 링크의 QR코드를 첨부합니다.

이 다크투어가 실제로 진행하게 되어 계획을 짤 때 1923역사관(Tel: 041-552-1923)의 김종수 관장님께 요청하면 조언과 자료를 받을 수 있습니다.[1] 일본의 시민운동가가 동행하여 현장 설명의 기회도 가질 수 있습니다. 이 안내글을 작성한 저 천승환에게도 연락을 주시면 최대한 도움 드리도록 하겠습니다.[2]

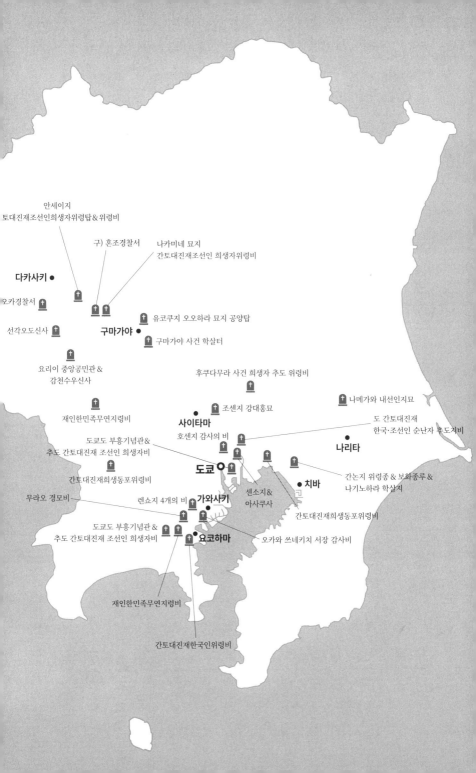

안세이지
토대진재조선인희생자위령탑& 위령비

구) 혼조경찰서

나카미네 묘지
간토대진재조선인 희생자위령비

다카사키 ●

오카경찰서

선각오도신사

구마가야 ●

유코쿠지 오오하라 묘지 공양탑

구마가야 사건 학살터

요리이 중앙공민관&
감천수우신사

후쿠다무라 사건 희생자 추도 위령비

나메가와 내선인지묘

재인한민족무연지령비

사이타마 ●

조센지 강대홍묘

도 간토대진재
한국·조선인 순난자 추도지비

나리타 ●

도쿄도 부흥기념관&
추도 간토대진재 조선인 희생자비

도쿄

호센지 감사의 비

간토대진재희생동포위령비

무라오 경모비

렌쇼지 4개의 비

가와사키

센소지&
아사쿠사

치바 ●

간논지 위령종 & 보화종루 &
나기노하라 학살지

간토대진재희생동포위령비

도쿄도 부흥기념관 &
추도 간토대진재 조선인 희생자비

요코하마

오카와 쓰네키치 서장 감사비

재인한민족무연지령비

간토대진재한국인위령비

나메가와 내선인지묘(內鮮人之墓)

1923년 간토대지진 당시 지역 군중의 폭행으로 사탕장수를 하고 있었던 조선인 2명이 살해되었다. 그들의 유해는 지역 유지들에 의해 수습되어 '내선인지묘'라는 이름의 묘비와 함께 나메가와 사루야마구의 야쿠시도 공동묘지에 묻혔다. 그 후 유골은 조국으로 돌아가고 묘비는 덤불 속에 매몰되어 있었다. 이후 방치되던 묘비를 2019년 6월 향토사 연구회 대표인 스기하라 분야(杉原文哉)가 발견했고, 2020년 9월 4일 사루야마 커뮤니티 센터의 인근에 재건하게 되었다.[3]

▶ 주소: 1020 Saruyama, Narita, Chiba 289-0107

후쿠다무라 사건 희생자 추도 위령비(福田村事件犧牲者追悼慰霊碑)

1923년 9월 6일 카가와현(香川県)에서 약을 팔기 위해 출발한 행상인 15명이 후쿠다무라 미츠보리의 토네강 강변에서 쉬던 중 자경단에 의해 "말이 이상하다", "조선인 아니냐"라는 의심을 받아 아이 3명을 포함한 9명이 살해되었다.[4] 이후 2000년 3월 관련 사건의 진상조사위원회가 설립되었고, 2003년 9월 6일에 위령비가 설립되었다.

▶ 주소: 101 Mitsubori, Noda, Chiba 278-0011

간토대진재희생동포위령비(関東大震災犠牲同胞慰靈碑)**와 법계무연탑**(法界無縁塔)

1923년 9월 3일부터 5일까지 후나바시 근처에서 조선인 학살 사건이 발생했다. 희생자들 대부분은 철도 부설 공사에 종사하고 있던 노동자였다. 후나바시에서의 학살 사건은 유언비어에 현혹된 자경단뿐만 아니라 해군 무선전신소에서 지령을 받은 군인까지 포함해 자행했다. 1924년 9월 1일 후나바시 화장터 인근에 후나바시 불교연합회에서 학살당한 이들을 위해 법계무연탑을 세웠고, 1947년 3월 1일 재일동포들이 돈을 모아 위령비를 세웠다. 이후 화장터를 없애면서 후나바시시와의 협상을 통해 1963년 마고메 묘지로 위령비와 법계무연탑을 이전했다.

▶ 주소: 1224 Magomecho, Funabashi, Chiba 273-0851

나기노하라 학살지(ナギの原 虐殺の場所)

1923년 9월 7일 나라시노 수용소에서 인근 마을에 "조선인을 내어 줄 테니까 받으러 와라"고 알렸다. 총 15명의 조선인이 4개 구에 할당이 되었고, 나기노하라 학살지의 다카츠구에는 3명이 할당되었다. 그리고 그 다음날 2명이, 그 다음날 1명이 할당되어 총 6명의 조선인이 나기노하라에서 목숨을 잃고 그대로 매장되었다. 이후 1960년부터 주민들과 간논지 주지는 위령 푯말을 세워 위령제를 지냈고 1998년 지바현의 시민단체 '조선인 희생자 추도조사실행위원회'에서 현지 주민의 증언을 바탕으로 조선인 피해자 6인의 유골을 발굴했다.

▶ 주소: 317-22 Takazu, Yachiyo, Chiba 276-0036

간논지 위령종 보화종루(観音寺 慰靈鐘 普化鐘樓)**, 간토대진재조선인희생자위령비**(関東大震災朝鮮人犧牲者慰靈の碑)**와 간토대진재한국인희생자위령시탑**(関東大震災韓国人犧牲者慰靈詩塔)

1985년 극작가 김의경 선생이 나기노하라를 방문하면서 한국인의 손으로 위령 시설을 세우자는 운동을 전개하여 1985년 위령종과 보화종루를 세웠다. 1990년에는 한일 불교 간토지진 순국위령협의회에서 간토대진재한국인희생자위령시탑을 건립하였고,

이후 1998년 9월 24일 나기노하라에서 유골을 발굴하여 1999년 위령비를 세우고 그 아래 유해를 모셨다.

▶ 주소: 1361-15 Takazu, Yachiyo, Chiba 276-0036

조센지 조선인 강대흥묘(常泉寺 朝鮮人 姜大興墓)

1923년 9월 4일 오전 3시경 24세의 청년 강대흥은 소메야 마을의 자경단에 의해 쫓기며 두 번이나 넘어지며 창에 찔렸음에도 저항하지 않고 무작정 도망쳤으나 결국 붙잡혀 창과 일본도에 살해당했다. 사건이 있고 나서 지역민들이 희생자를 공양하기 위해 강대흥의 묘를 만들었고, 2001년에는 위령비를 건립하였다. 이후 사이타마에서 희생된 조선인들을 공양하는 추도식이 진행되고 있다.

▶ 주소: 3 Chome-242 Someya, Minuma Ward, Saitama, 337-0026

구마가야 사건 학살터(熊谷虐殺の場所)

1923년 9월 4일 자경단이 마을에서 마을로 다카사키 연대 쪽을 향해서 조선인 무리를 호송하던 중 구마가야마치에서 20~30여 명의 조선인이 살해되었다. 학살이 이루어졌던 치치부선 건널목 부근이다.

▶ 주소: 일본 1 Chome, Akebonocho, Kumagaya, Saitama, 360-0033

유코쿠지 오오하라 묘지 공양탑(熊谷寺 大原墓地 供養塔)

1923년 9월 4일 일어난 구마가야 사건 희생자의 유골을 수습해 구마가야의 초대 시장 아라이 료사쿠(新井良作)가 유코쿠지(熊谷寺)에 합장하였다. 이후 1938년 7월에 공양탑을 세워 그들의 넋을 위로했다.[5]

▶ 주소: 2 Chome-4-1 Ohara, Kumagaya, Saitama 360-0812

나카미네 묘지 간토대진재조선인희생자위령비(城立寺 長峰墓地 関東大震災朝鮮人犠牲者慰靈碑)

1923년 9월 4일 발생한 혼조 사건의 희생자들을 위한 위령비로, 원래는 사건이 발생한 다음해인 1924년 '선인지비(鮮人之碑)'라는 이름으로 제작되어 나카미네 묘지에 건립되었다. 하지만 선인이라는 표현이 차별적이라는 목소리로 인해 1959년 가을 새롭게 '간토대진재조선인희생자위령비'가 건립되었다. 기존의 선인지비는 혼조시 문화재 보관소에서 보관중이다.

▶ 주소: 4 Chome-4-4 Higashidai, Honjo, Saitama 367-0021

구)혼조 경찰서(旧本庄警察署)

1923년 9월 4일 혼조경찰서에 조선인이 수용·보호되고 있었다. 수용할 수 있는 인원이 넘어서자 일부를 군마현으로 이송시키려 했으나, 군마현 경계에 있던 신마치 자경단에 의해 거부되었다. 이후 키미무라 사무소에 수용하고 있다가 혼조 경찰서로 돌아오게 되었는데, 경찰서 주변에 운집해 있던 군중들이 폭도화하여 조선인과 경찰관에게 달려들었다. 곧이어 그들은 경찰서 내부로 진입하여 일본도와 죽창으로 조선인 약 80~90여 명을 살해했다. 이후 경찰서가 이전했고 소방서, 검찰청, 공민관, 도서관 등으로 사용되었다가 1972년 현 지정 유형문화재로 지정되었다. 1979년 해체·복원작업을 거쳐 1980년부터는 역사민속자료관으로 사용되었다. 2020년부터는 민속자료관도 폐관이 되어 현 지정 문화재의 구)혼조 경찰서로 보존되고 있다.[6]

▶ 주소: 1 Chome-2-3 Central, Honjo, Saitama 367-0053

간토대진재조선인희생자위령비와 간토대진재조선인희생자위령탑(関東大震災朝鮮人犠牲者慰靈碑 & 慰靈塔)

1923년 9월 4일 혼조에서 군마현으로 이송이 거부되어 다시 혼조로 돌아가던 조선인 이송 트럭이 진보하라무라(神保原村)를 통과할 때 군중이 트럭을 둘러싸고 조선인들을 곤봉으로 구타하고 죽인 진보하라 사건이 발생한다. 이 사건으로 42명의 조선인이 죽었다. 희생자들을 위해 1952년 4월 20일 안세이지에 위령비를 건립했고, 1993년 9월 1일 안세이지 인근의 묘지에 위령탑을 건립했다.

▶ 위령비 주소: 263 Jinboharamachi, Kamisato, Kodama District, Saitama 369-0305
▶ 위령탑 주소: 241-1 Jinboharamachi, Kamisato, Kodama District, Saitama 369-0305

위령비   위령탑

간토진재조선인희생자위령지비

후지오카 경찰서

간토진재조선인희생자위령지비(関東震災朝鮮人犠牲者慰靈之碑)와 후지오카 경찰서

후지오카 자경단이 후지오카 경찰서에 의해 보호받고 있던 조선인 노동자 17명을 9월 5일 밤 경찰서로 밀고들어가 일본도와 곤봉, 총 등으로 무자비하게 살해한 사건이 발생한다. 사건 이후 경찰서 바로 옆 죠도지의 주지가 시주의 반대를 무릅쓰고 위패를 만들었으며, 후지오카 정장·경찰서장이 1924년 6월에 '다이쇼 12년 9월 진재사변 순난자 추도지비'를 만들었다. 이후 이 비석은 부서졌고, 1957년 11월 1일에 '간토진재조선인희생자위령지비'를 새롭게 건립하였다.

▶ 주소: 394-1 Fujioka, Gunma 375-0024 일본

선각오도신사(鮮覺悟道信士)

1923년 9월 5일 저녁 고다마쵸 경찰서 앞에서 혼조·진보하라 방면에서 도망쳐 온 조선인 청년 1명이 군중에 의해 살해되었다. 경찰서 앞에서 벌어난 사건임에도 불구하고 사건에 대한 처벌은 없었다. 사건이 있고 9년 뒤인 1932년 9월 30일에 지역 유지와 경찰서의 일원들에 의해 비가 건립되었다. 다만 희생된 이의 이름은 모르기 때문에 묘비에는 법명을 세겼다.('선각오도'는 그의 법명이고, '신사'는 불교 신자를 가리키는 말이다.)

▶ 주소: 375 Kodamacho Hachimanyama, Honjo, Saitama 367-0217

간토대지진 조선인 학살 다크투어 안내서

271

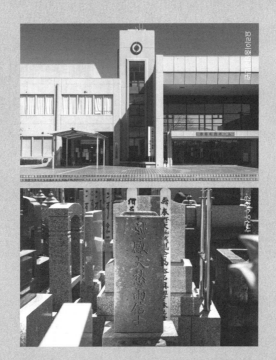

요리이중앙공민관

요리이정수원

요리이중앙공민관과 감천수우신사(感天愁雨信士)

1923년 9월 5일 요리이에서 엿장수를 하던 구학영은 만일의 사태를 대비해 경찰서를 찾아가 보호를 요청했다. 하지만 다음날인 9월 6일 요리이 경찰서에 구학영이 있는 것을 알게 된 인근 요도무라 마을 자경단이 경찰서를 습격해 도망치는 구학영을 살해한다. 살해 당시 구학영의 몸에는 60곳 이상의 상처가 있었다. 구학영이 죽고 그의 시신은 수습되어 요리이의 정수원에 묻히게 된다. 묘비에는 그의 법명을 새겼다.

요리이중앙공민관의 2층은 요리이 마을 사료관으로 사용되어 각종 자료가 전시되고 있는데, 구학영과 관련된 전시를 살펴볼 수 있다.

▶ 주소: 864 Yorii, Osato District, Saitama 369-1203

재일한민족무연지령비(在日韓民族無緣之靈碑)

재일한민족무연지령비는 1998년 4월 5일 재일한인 윤병도로부터 건립을 지원받아 고구려 28대 보장왕의 후손인 약광을 모시는 사찰인 쇼텐인 내에 2000년 11월 3일 건립되었다. 사이타마현 내에 간토대지진 조선인 희생자가 각지에 잠들어 있는데 이들의 영령을 한 곳에 모아 공양하고 싶다는 동기로 만들어졌다.[7]

▶ 주소: 990-1 Niihori, Hidaka, Saitama 350-1243

273

간토대진재한국인위령비(関東大震災韓國人慰靈碑)

재일한국인 동포구제단체인 애린원을 운영하고 있던 이성칠 원장은 가나가와에서 있었던 간토대지진 조선인 학살의 참극을 목격하고 동포들의 시신을 수습해 화장하여 장사를 지내주었다. 그 후 학살당한 동포들의 위패를 만들어 위령제를 지내기 위해 여러 절을 찾아가 부탁하였지만 거절당했다. 그러던 중 요코하마의 호쇼지가 이성칠 원장의 노력과 정성에 감동하여 위령제 제의를 수락하였다. 그 후 1924년부터 애린원 주관으로 호쇼지에서 위령제를 진행하고 있으며, 1971년 9월 1일에는 재일본대한민국민단 가나가와현 지방본부에서 간토대진재한국인위령비를 건립해 매년 9월 1일에 위령제를 지내고 있다.

▶ 주소: 1 Chome-6 8-68 Horinouchicho, Minami Ward, Yokohama, Kanagawa 232-0042

간토대진재순난조선인위령지비(関東大震災殉難朝鮮人慰霊之碑)

1923년 9월 3일 구보산에서 간토대지진 조선인 학살의 시체를 목격했던 이시바시 다이시(石橋大司)가 건립한 간토대진재순난조선인위령지비이다. 당시 그는 초등학교 2학년이었는데 평생 동안 그 장면이 잊혀지지 않았다고 한다. 그는 이에 환갑이 되던 해에 평생 생각했던 것을 실천으로 옮기기 위해 구보야마 묘지의 요코하마시대지진횡사자합장지묘(横濱市大震災横死者合葬之墓) 옆 요코하마시 유지를 제공받아 1974년 9월 1일 사비로 이 추모비를 건립했다.

▶ 주소: 3 Motokubocho, Nishi Ward, Yokohama, Kanagawa 220-0063

무라오 경모비(村尾履吉敬慕碑)

미쓰자와에 살던 전 해군 대령 무라오는 1923년 간토대지진 조선인 학살 이후 난잡하게 취급되는 시신을 수습했다. 1924년 9월 1일 시신을 수습한 곳에 목탑을 세우고 인근 양광원에서 법요를 진행하며 매년 9월 1일 희생된 영혼을 달랬다. 이후 1933년 무라오는 미쓰자와 묘지의 조선인 매장지 옆 2평 땅을 사서 조선인 묘지를 건설하고 납골탑을 세웠다. 1946년 5월 무라오 씨는 사망하고 그는 자신이 세운 조선인 묘지에 함께 매장해 달라는 유언을 남긴다. 평소 무라오와 함께 희생자들의 법요를 진행했던 애린원장 이성칠은 조선인 묘지를 렌쇼지로 이장하고 조선인 묘지가 있던 곳에 무라오가의 묘지를 만든다. 그리고 그에 대한 감사를 담아 경모비를 건립한다.

▶ 주소: 20-6 Mitsuzawa Kamimachi, Kanagawa Ward, Yokohama, Kanagawa 221-0856

조혼의 비

조선인 납골탑 전도 개장 기념비

조선인 납골탑

한국인 묘지 개수 기념비

렌쇼지(蓮勝寺) 4개의 비

간토대지진 조선인 학살의 희생자들을 비롯해 일본에서 제대로 유골도 수습되지 못한 채 죽음을 맞이한 무연고 동포들의 유골을 모아 애린원 원장인 이성칠이 렌쇼지에 공동묘지를 만들어 위령제를 지냈다. 1933년 만들어진 '조혼의 비'는 '조선인 납골탑'과 그들의 혼을 달래기 위해 함께 있던 비석이며, '조선인 납골탑 전도 개장 기념비'는 1947년 3월 25일 미쓰자와 시영묘지에 있던 '조선인 납골탑'을 렌쇼지로 옮기며 만들었다. 1989년 10월 8일에는 재일본대한민국민단 가나가와현 본부에서 렌쇼지에 있던 공동묘지를 개수하고 이를 기념하기 위한 기념비를 만들고 매년 음력 9월 9일에 추도식을 진행한다.

▶ 주소: 5 Chome-4-40 Kikuna, Kohoku Ward, Yokohama, Kanagawa 222-0011

오카와 쓰네키치 서장 감사비(故大川常吉氏の碑)

1923년 간토대지진 당시 가나가와현 요코하마시 쓰루미구의 경찰서장 오카와 쓰네키치는 자경단으로부터 조선인과 중국인 약 300여 명을 보호했다. 오카와 쓰네키치는 1940년 사망했고, 사후 13년째인 1953년 간토대지진 30주년을 계기로 재일조선통일민주전선 쓰루미위원회에서 서장의 감사비를 세웠다.

▶ 주소: 3 Chome-144-2 Ushiodacho, Tsurumi Ward, Yokohama, Kanagawa 230-0041

도쿄도 부흥기념관과 추도 간토대진재 조선인 희생자비(追悼 関東大震災朝鮮人犧牲者碑)

요코아미쵸 공원은 1923년 간토대지진 당시 육군 군복을 만드는 피복 창고가 있던 곳으로 간토대지진으로 인해 파괴된 후 관련 위령 시설인 지진 재해 기념당이 생기면서 조성되었다. 부흥기념관은 1931년 지진 재해 기념당(현 도쿄도 위령당)의 부대시설로서 건설되었으며, 대지진의 피해, 구원, 부흥을 나타내는 유품이나 피해물, 회화, 사진, 표 등이 전시되어 있다. 도쿄대공습 이후 기념당에 도쿄대공습의 피해자들을 합사했기 때문에 부흥기념관에도 도쿄대공습의 전시가 추가되어 현재 1층은 간토대지진 관련 전시가, 2층은 도쿄대공습 관련 전시가 이루어지고 있다. 간토대지진 관련 전시 중 조선인 관련 전시는 패널 하나에 전시되어 있으며, 유언비어로 인해 많은 조선인이 죽었다는 내용만이 담겨 있다.[8]

조선인 희생자비는 1973년 지진 50주년을 기념해 간토대지진의 혼란 속에서 희생된 조선인들을 추도하고, 같은 역사를 반복하지 않기 위해서 간토대지진 조선인 희생자 추도 행사 실행위원회가 세웠다. 매년 9월 1일 추도식이 거행되고 있다.

▶ 주소: 2 Chome-3 Yokoami, Sumida City, Tokyo 130-0015

도 간토대지진재 한국·조선인 순난자 추도지비(悼 関東大震災時韓國·朝鮮人殉難者追悼之碑)
간토대지진 조선인 학살로 인해 희생된 이들을 위해 2009년 9월 '간토대지진시 학살 당한 조선인의 유골을 발굴하고 추도하는 모임 호센카(봉선화)'에서 조선인들이 희생 되었던 아라카와 강변 부근에 세운 위령비이다. 다른 위령비와 달리 학살의 주체로 군 대·경찰·자경단을 명기하고 있다.
호센카의 이사인 니시자키 마사오 선생에게 미리 요청을 하면 아라카와 강변에서 약 40분~1시간가량 현장설명을 해 준다.

▸ 주소: 6 Chome-31-8 Yahiro, Sumida City, Tokyo 131-0041

센소지(浅草寺)와 아사쿠사(浅草神社)

아스카시대 628년 스미다강에서 히노구마 형제가 그물에 걸린 관음상을 모시기 위해서 사당을 지었으며, 이후 승려 쇼카이가 645년 센소지를 지었다. 아사쿠사는 1649년 센소지의 부속건물로 지어졌으나, 메이지시대 신불분리령으로 인해 별도의 신사로 분리되게 되었다. 도쿄에서 가장 오래된 사찰로서 많은 인기를 누리고 있으며, 특히 야경이 아름다운 곳이다.

간토대지진 당시 아사쿠사로 많은 사람들이 피난을 왔고, 아사쿠사 연못에서 조선인을 죽인 것을 목격한 일본인의 증언이 남아 있다.[9]

▶ 주소: 2 Chome-3-1 Asakusa, Taito City, Tokyo 111-0032

감사의 비(感謝の碑)

재일동포 정종석 씨가 스미다구 호센지(法泉寺) 경내에 있는 사나다 자아키(眞田千秋)의 묘지 앞에 세운 감사의 비다. 간토대지진 당시 사나다 씨가 위험을 무릅쓰고 자신의 할아버지를 숨겨 주어 목숨을 구할 수 있었다는 사실을 알고 그의 손자인 후지히코(富士彦) 씨를 찾아 양해를 구하고 세웠다.[10]

▶ 주소: 일본 3 Chome-8-1, Higashimukojima, Sumida City, Tokyo 131-0032

1   1923역사관 홈페이지, https://www.1923museum.com/

2   천승환 이메일, shs557@naver.com

3   나메가와 내선인지묘 비문 및 민단신문 내용 참고.https://www.mindan.org/
    news/mindan_news_view.php?cate=4&number=27095

4   9명 중 임산부가 있어 총 피해자를 10명으로 보기도 한다. 위령비에도 태아(胎兒)
    에 대한 내용이 기재되어 있다.

5   '9월 도쿄의 거리에서' 블로그 참고. http://tokyo1923-2013.blogspot.
    com/2013/09/192394_5267.html

6   https://www.city.honjo.lg.jp/soshiki/kyoikuiinkai/bunkazai/
    tantoujouhou/bunkazai/1380153171392.html

7   https://www.ha-jw.com/memorial/shouden-in/

8   https://tokyoireikyoukai.or.jp/museum/history.html

9   니시자키 마사오, 『간토대진재 조선인 학살의 기록−도쿄지구별 1,100가지 증언
    (関東大震災朝鮮人虐殺の記録−東京地区別1100の証言)』

10 https://www.mindan.org/old/front/newsDetailbf83.html

간토 조선인 학살, 계속되고 있는 현실

김성제 목사
일본기독교협의회 총간사

간토대학살의 역사는 우리에게 많은 질문을 던진다. 당시의 학살 기록들을 보면 인간은 대체 얼마나 악해질 수 있는가란 질문을 하게 된다. 한 민족이 다른 민족을 개, 돼지 취급하며 그 생명을 빼앗는 일은 어떻게 가능한 건지 인간의 본성에 대한 의문이 생긴다. 조선인에 대한 멸시는 어디에서 비롯되었는지도 궁금해지며, 나아가 일제 식민지 지배가 어떤 것이었지에도 생각이 미친다. 한편 학살을 부정하는 최근의 모습을 보면서 거꾸로 가는 일본의 역사를 어떻게 해야 바로 잡을까 고민하게 된다. 양국의 관계를 고민하는 한일의 시민들에게 이런 질문들은 중요하다. 이 책은 바로 이런 질문에 답을 찾아 나서며 오늘날 간토대학살이 우리에게 주는 의미가 무엇인지 묻고 있다.

　그동안 간토를 다룬 책은 간토학살 당시의 기록을 발굴하거나 학문적 쟁점을 파헤치는 글이 대부분이었다. 민병래 작가는 이 책에서 다른 접근법을 택했다. 간토의 기억을 계승하고 알려 온 이들의 삶과 활동을 통해서, 이들 삶에 깃든 간토의 교훈을 드러내려 한 것이다. 학자 강덕상, 시민운동가 니시자키 마사오, 야마모토 스미코, 김종수, 저널리스트인 가토 나오키, 영화감독 오충공과 이이야마 유키, 사진가 천승환이 작가가 선택한 인물들이다. 이 시도는 신선하다. 간토의 의미를 다양하게 되새기게 하면서 동시에 오늘을 사는 우리에게 배우고 따를 삶의 모습을 보여 준다.

100주년을 앞두고 일본에서는 많은 행사가 준비되고 있다. 간토대지진 조선인·중국인 학살 100년 희생자 추모대회실행위원회는 8월 31일 조선인과 중국인을 함께 기리는 추모집회를 할 예정이다. 이날은 미국에서 방문하는 기자 10여 명과 일본주재 해외특파원 기자클럽을 상대로 기자회견도 열린다. 9월 1일에는 요코아미초 공원에서 조선인 희생자 추도식이 9월 2일에는 국회 정문 앞에서 촛불집회가 열린다. 일본에서는 모든 시민운동이 100주년 행사를 통해 간토 문제의 해결을 위해 힘을 모으고 있다. 한국에서도 많은 힘이 모이기를 희망한다.

나는 일본기독교협의회 총간사로서 100주년 추모집회에 임하는 일본 내 여러 단체의 의견을 조정하고 특히 한국의 간토학살 100주기 추도사업추진위원회와 프로그램을 조율하는 데 많은 신경을 쓰고 있다. 여러 해 동안 해온 일이지만 특히 올해는 많은 노력을 쏟아붓고 있다. 나 자신도 일본에서 태어나 자란 자이니치이기에 간토대학살이 주는 의미가 해마다 특별하게 다가오기 때문이다.

많은 자이니치가 차별의 아픔을 겪었지만 내게도 잊을 수 없는 경험이 있다. 2018년, 가토 나오키가 쓴 책 『9월, 도쿄의 거리에서』가 연극으로 공연되었다. 책을 감명 깊게 본지라 연극으로 어떻게 표현되었을까 궁금해 극장을 찾았다. 마지막 장면으로 기억한다. 무대 위에서 배우들은 『9월, 도쿄의 거리에서』를 들고 학살 현장을 답사하는 모습을 연출하고 있었다. 그때 갑자기 곤봉을 든 우익들이 무대에 뛰어올라 배우를 둘러싸고 "너희는 조센진이냐? 조센진은 여기로 나와!!"라고 윽박질렀다. 배우 중의 누군가는 "저는 일본인입니다! 여기서 나가게 해 주세요!"라고 외쳤다. 객석에서도 비명이 들리고 공연장은 난장판이 되었다. 객석 맨 뒤에 있던 나는 순간 비상구를 찾았다. 그날 집으로 돌아가면서 나는 다시 한번 간토 조선인 학살은 100년 전의 일이 아니라 지금도 계속되고 있는 현실임을 절실히 깨달았다. 자이니치의 마음 깊은 곳에는 이 두려움이 뿌리 깊게 박혀 있다. 연극 공연마저도 테러를 당하는 현실을 맞닥뜨리며, 일본 사회에서 자이니치가 받는 차별과 멸시를 다시 한번 깊게 깨달았다. 그 이후 더욱 간토 조선인 대학살을 추모하는 사업에 노력을 해 왔다.

민병래 작가의 이 책은 내가 연극을 보던 자리에서 겪은 고통과 두려움의 정체를 다시 일깨워준다. 지금 왜 '간토대학살'을 기억해야 하는지, 왜 마주보아야 하는지를 말하고 있다. 허나 단지 공포를 일깨우는 것만이 아니라, 우리가 무엇을 해야 하는지도 일깨우고 있다. 민병래 작가는 간토 조선인 학살 사건을 일본의 급소라고 본다. 정확하고 날카로운 시선이다. 이 급소를 제대로 눌

러야 우리는 차별을 없애는 첫걸음을 내디딜 수 있다. 100주기를 맞아 한일이 평화와 우정을 나누기 위해 『1923 간토대학살, 침묵을 깨라』는 반드시 만나야 할 책이다. 민병래 작가가 간토대학살 100주년을 앞두고 『1923 간토대학살, 침묵을 깨라』를 출간한 것에 격려의 박수를 보낸다.

1923 간토대학살, 침묵을 깨라

2023년 9월 1일 초판 1쇄 발행

지은이 민병래
펴낸이 류지호
책임편집 김희중 · **디자인** 쿠담디자인
편집 이기선, 김희중, 곽명진

펴낸곳 원더박스 (03169) 서울시 종로구 사직로10길 17, 301호
대표전화 02-720-1202 · **팩시밀리** 0303-3448-1202
출판등록 제2022-000212호(2012. 6. 27.)

ISBN 979-11-92953-13-7 (03910)

- 잘못된 책은 구입하신 서점에서 바꾸어 드립니다.
- 독자 여러분의 의견과 참여를 기다립니다.
  블로그 blog.naver.com/wonderbox13 · 이메일 wonderbox13@naver.com